THÉOPHILE GAUTIER.

LA PEAU DE TIGRE

I

PARIS. — 1852.

HIPPOLYTE SOUVERAIN, ÉDITEUR,

LA PEAU DE TIGRE.

I

FÉLICIEN MALLEFILLE.

MÉMOIRES DE DON JUAN,
4 vol. in-8°.

THÉOPHILE GAUTIER.

PARTIE CARRÉE,
3 vol. in 8°.

ALEXANDRE DUMAS fils.

TROIS HOMMES FORTS,
4 vol. in-8°.

ANTONINE	LA VIE A VINGT ANS,
2 vol. in-8°.	2 vol. in-8°.

ALEXANDRE DUMAS.

LE DRAME DE 93.
SCÈNES DE LA VIE RÉVOLUTIONNAIRE,
7 vol. in-8°.

AMAURY,	LES FRÈRES CORSES,
4 vol. in-8°.	2 vol. in-8°.

F. DE BAZANCOURT.

LES AILES D'UN ANGE,
2 vol. in-8°.

NOBLESSE OBLIGE,	LES HOMMES NOIRS,
2 vol. in-8°.	2 vol. in-8°.

Paris. — Imprimerie de H. V. de Ssurcy .t Ce, rue de Sèvres, 37.

LA

PEAU DE TIGRE

I

PARIS — 1852.

HIPPOLYTE SOUVERAIN, ÉDITEUR,

5, RUE DES BEAUX-ARTS.

LA
MILLE ET DEUXIÈME NUIT.

LA

MILLE ET DEUXIÈME NUIT

———◆———

J'avais fait défendre ma porte ce jour-là; ayant pris dès le matin la résolution formelle de ne rien faire, je ne voulais pas être dérangé dans cette importante occupation. Sûr de n'être inquiété par aucun fâcheux (ils ne sont pas tous dans la comédie de

Molière), j'avais pris toutes mes mesures pour savourer à mon aise ma volupté favorite.

Un grand feu brillait dans ma cheminée, les rideaux fermés tamisaient un jour discret et nonchalant, une demi-douzaine de carreaux jonchaient le tapis, et, doucement étendu devant l'âtre à la distance d'un rôti à la broche, je faisais danser au bout de mon pied une large babouche marocaine d'un jaune oriental et d'une forme bizarre; mon chat était couché sur ma manche, comme celui du prophète Mahomet, et je n'aurais pas changé ma position pour tout l'or du monde.

Mes regards distraits, déjà noyés par cette délicieuse somnolence qui suit la suspension volontaire de la pensée, erraient sans trop les voir, de la charmante esquisse *de la Madeleine au désert* de Camille Roqueplan au sévère dessin à la plume d'Aligny et au grand paysage des quatre inséparables, Feuchères, Séchan, Dieterle et Desplechins, richesse et gloire de mon logis de poëte ; le sentiment de la vie réelle m'abandonnait peu à peu, et j'étais enfoncé bien avant sous les ondes insondables de cette *mer d'anéantissement* où tant de rêveurs orientaux ont laissé leur raison, déjà ébranlée par le hatschich et l'opium.

Le silence le plus profond régnait dans la chambre ; j'avais arrêté la pendule pour ne pas entendre le tic-tac du balancier, ce battement de pouls de l'éternité ; car je ne puis souffrir, lorsque je suis oisif, l'activité bête et fiévreuse de ce disque de cuivre jaune qui va d'un coin à l'autre de sa cage et marche toujours sans faire un pas.

Tout-à-coup et kling et klang, un coup de sonnette vif, nerveux, insupportablement argentin, éclate et tombe dans ma tranquillité comme une goutte de plomb fondu qui s'enfoncerait en grésillant dans un lac endormi; sans penser à mon chat, pelotonné en boule sur ma manche, je me redressai en tressaillant et sautai sur mes pieds comme lancé par un ressort, envoyant à tous les diables l'imbécile concierge qui avait laissé passer quelqu'un malgré la consigne formelle; puis je me rassis. A peine remis de la secousse nerveuse, j'assurai les coussins sous mes bras et j'attendis l'événement du pied ferme.

La porte du salon s'entr'ouvrit et je vis paraître d'abord la tête laineuse d'Adolfo-Francesco Pergialla, espèce de brigand abyssin au service duquel j'étais alors, sous prétexte d'avoir un domestique nègre. Ses yeux blancs étincelaient, son nez épaté se dilatait prodigieusement, ses grosses lèvres, épanouies en un large sourire qu'il s'efforçait de rendre malicieux, laissaient voir ses dents de chien de Terre-Neuve. Il crevait d'envie de parler dans sa peau noire, et faisait toutes les contorsions possibles pour attirer mon attention.

— Eh bien! Francesco, qu'y a-t-il? Quand vous tourneriez pendant une heure vos yeux d'émail comme ce nègre de bronze qui avait une horloge dans le ventre, en serais-je plus instruit? Voilà assez de pantomime, tâche de me dire, dans un idiome quelconque, ce dont il s'agit, et quelle est la personne qui vient me relancer jusqu'au fond de ma paresse.

Il faut vous dire qu'Adolfo-Francesco Pergialla-Abdallah-Ben-Mohammed, Abyssin de naissance, autrefois mahométan, chrétien pour le quart d'heure, savait toutes les langues et n'en parlait aucune intelligiblement; il commençait en français, continuait en italien, et finissait en turc ou en arabe, surtout dans les conversations embarrassantes pour lui, lorsqu'il s'agissait de bouteilles de vin de Bordeaux, de liqueurs des îles ou de friandises disparues prématurément. Par bonheur, j'ai des amis polyglottes : nous le chassions d'abord de l'Europe ; après avoir épuisé l'italien, l'espagnol et l'allemand, il se sauvait à Constantinople, dans le turc, où Alfred le pourchassait vivement : se voyant traqué, il sautait à Alger, où Eugène lui marchait sur les talons en le suivant à travers tous les dialectes de haut et bas arabe; arrivé là, il se réfugiait dans le bembara, le galla et autres dialectes de l'intérieur de l'Afrique, où d'Abadie, Combes et Tamisier pouvaient seuls le forcer. Cette fois, il me répondit résolument en un espagnol médiocre, mais fort clair :

Una muger muy bonita con su hermana quien quiere hablar a usted.

—Fais-les entrer si elles sont jeunes et jolies; autrement, dis que je suis en affaires.

Le drôle, qui s'y connaissait, disparut quelques secondes et revint bientôt suivi de deux femmes enveloppées dans de grands bournous blancs, dont les capuchons étaient rabattus.

Je présentai le plus galamment du monde deux fauteuils à ces dames; mais, avisant les piles de carreaux, elles me firent un signe de la main qu'elles me remerciaient, et, se débarrassant de leurs bournous, elles s'assirent en croisant leurs jambes à la mode orientale.

Celle qui était assise en face de moi, sous le rayon du soleil qui pénétrait à travers l'interstice des rideaux, pouvait avoir vingt ans; l'autre, beaucoup moins jolie, paraissait un peu plus âgée; ne nous occupons que de la plus jolie.

Elle était richement habillée à la mode turque; une veste de velours vert, surchargée d'ornements, serrait sa taille d'abeille; sa chemisette de gaze rayée, retenue au col par deux boutons de diamans, était échancrée de manière à laisser voir une poitrine blanche et bien formée; un mouchoir de satin blanc, étoilé et constellé de paillettes, lui servait de ceinture. Des pantalons larges et bouffans lui descendaient jusqu'aux genoux ; des jambières à l'albanaise en velours brodé garnissaient ses jambes fines et délicates aux jolis pieds nus enfermés dans de petites pantoufles de marocain gaufré, piqué, colorié et cousu de fils d'or; un caftan orange, broché de fleurs d'argent, un fez écarlate enjolivé d'une longue houppe de soie, complétaient cette parure assez bizarre pour rendre des visites à Paris en cette malheureuse année 1842.

Quant à sa figure, elle avait cette beauté régulière de la race turque :

dans son teint, d'un blanc mat semblable à du marbre dépoli, s'épanouissaient mystérieusement, comme deux fleurs noires, ces beaux yeux orientaux si clairs et si profonds sous leurs longues paupières teintes de henné. Elle regardait d'un air inquiet et semblait embarrassée; par contenance, elle tenait un de ses pieds dans une de ses mains, et de l'autre jouait avec le bout d'une de ses tresses, toute chargée de sequins percés par le milieu, de rubans et de bouquets de perles.

L'autre, vêtue à peu près de même, mais moins richement, se tenait également dans le silence et l'immobilité. Me reportant par la pensée à l'apparition des bayadères à Paris, j'imaginai que c'était quelque almée du Caire, quelque connaissance égyptienne de mon ami Dauzats, qui, encouragée par l'accueil que j'avais fait à la belle Amany et à ses brunes compagnes, Saudiroun et Rangoun, venait implorer ma protection de feuilletoniste.

— Mesdames, que puis-je faire pour vous? leur dis-je en portant mes mains à mes oreilles de manière à produire un salamalec assez satisfaisant.

— La belle Turque leva les yeux au plafond, les ramena vers le tapis, regarda sa sœur d'un air profondément méditatif. Elle ne comprenait pas un mot de français.

— Holà, Francisco! maroufle, butor, belître, ici, singe manqué, sers-moi à quelque chose au moins une fois dans ta vie.

Francisco s'approcha d'un air important et solennel.

—Puisque tu parles si mal français, tu dois parler fort bien arabe, et tu vas jouer le rôle de drogman entre ces dames et moi. Je t'élève à la dignité d'interprète, demande d'abord à ces deux belles étrangères qui elles sont, d'où elles viennent et ce qu'elles veulent.

Sans reproduire les différentes grimaces dudit Francesco, je rapporterai la conversation comme si elle avait eu lieu en français.

— Monsieur, dit la belle Turque par l'organe du nègre, quoique vous soyez littérateur, vous devez avoir lu les *Mille et une Nuits*, contes arabes, traduits ou à peu près par ce bon M. Galland, et le nom de Scheherazade ne vous est pas inconnu?

— La belle Scheherazade, femme de cet ingénieux sultan Schariar, qui, pour éviter d'être trompé, épousait une femme le soir et la faisait étrangler le matin? Je la connais parfaitement.

— Eh bien! je suis la sultane Scheherazade, et voilà ma bonne sœur Dinazarde, qui n'a jamais manqué de me dire toutes les nuits : « Ma sœur, devant qu'il fasse jour, contez-nous donc, si vous ne dormez pas, un de ces beaux contes que vous savez. »

— Enchanté de vous voir, quoique la visite soit un peu fantastique; mais qui me procure cet insigne honneur de recevoir chez moi, pauvre poète, la sultane Scheherazade et sa sœur Dinazarde?

— A force de conter, je suis arrivée au bout de mon rouleau; j'ai dit tout ce que je savais. J'ai épuisé le monde de la féerie ; les goules, les djinns, les magiciens et les magiciennes m'ont été d'un grand secours, mais tout s'use, même l'impossible ; le très-glorieux sultan, ombre du padischa, lumière des lumières, lune et soleil de l'Empire du milieu, commence à bâiller terriblement et tourmente la poignée de son sabre ; ce matin, j'ai raconté ma dernière histoire, et mon sublime seigneur a daigné ne pas me faire couper la tête encore ; au moyen du tapis magique des quatre Facardins, je suis venue ici en toute hâte chercher un conte, une histoire, une nouvelle, car il faut que demain matin, à l'appel accoutumé de ma sœur Dinazarde, je dise quelque chose au grand Schariar, l'arbitre de mes destinées; cet imbécile de Galland a trompé l'univers en affirmant qu'après la mille et unième nuit le sultan, rassasié d'histoires, m'avait fait grâce; cela n'est pas vrai : il est plus affamé de contes que jamais, et sa curiosité seule peut faire contre-poids à sa cruauté.

— Votre sultan Schariar, ma pauvre Scherazade, ressemble terriblement à notre public; si nous cessons un jour de l'amuser, il ne nous coupe pas la tête, il nous oublie, ce qui n'est guère moins féroce. Votre sort me touche, mais qu'y puis-je faire?

— Vous devez avoir quelque feuilleton, quelque nouvelle en portefeuille, donnez-le-moi.

— Que demandez-vous, charmante sultane ? je n'ai rien de fait, je ne travaille que par la plus extrême famine, car, ainsi que l'a dit Perse, *fames facit poetridas picas.* J'ai encore de quoi dîner trois jours; allez trouver Karr, si vous pouvez parvenir à lui à travers les essaims des guêpes qui bruissent et battent de l'aile autour de sa porte et contre ses vitres; il a le cœur plein de délicieux romans d'amour, qu'il vous dira entre une leçon de boxe et une fanfare de cor de chasse; attendez Jules Janin au détour de quelque colonne de feuilleton, et, tout en marchant, il vous improvisera une histoire comme jamais le sultan Scharjar n'en a entendu.

La pauvre Scheherazade leva vers le plafond ses longues paupières teintes de henné avec un regard si doux, si lustré, si onctueux et si suppliant, que je me sentis attendri et que je pris une grande résolution.

— J'avais une espèce de sujet dont je voulais faire un feuilleton, je vais vous le dicter, vous le traduirez en arabe en y ajoutant les broderies, les fleurs et les perles de poésie qui lui manquent; le titre est déjà tout trouvé, nous appellerons notre conte *la Mille et deuxième Nuit.*

Scheherazade prit un carré de papier et se mit à écrire de droite à gauche, à la mode orientale, avec une grande vélocité. Il n'y avait pas de temps à perdre : il fallait qu'elle fût le soir même dans la capitale du royaume de Samarcande.

Il y avait une fois dans la ville du Caire un jeune homme nommé Mahmoud-Ben-Ahmed, qui demeurait sur la place de l'Esbekick.

Son père et sa mère étaient morts depuis quelques années en lui laissant une fortune médiocre, mais suffisante pour qu'il pût vivre sans avoir recours au travail de ses mains : d'autres auraient essayé de charger un vaisseau de marchandises ou de joindre quelques chameaux chargés d'étoffes précieuses à la caravane qui va de Bagdad à la Mecque ; mais Mahmoud-Ben-Ahmed préférait vivre tranquille, et ses plaisirs consistaient à fumer du latakié dans son narguilhé, en prenant des sorbets et en mangeant des confitures sèches de Damas.

Quoiqu'il fût bien fait de sa personne, de visage régulier et de mine agréable, il ne cherchait pas les aventures, et avait répondu plusieurs fois aux personnes qui le pressaient de se marier et lui proposaient des partis riches et convenables, qu'il n'était pas encore temps et qu'il ne se sentait nullement d'humeur à prendre femme.

Mahmoud-Ben-Ahmed avait reçu une bonne éducation : il lisait couramment dans les livres les plus anciens, possédait une belle écriture, savait par cœur les versets du Coran, les remarques des commentateurs, et eût récité sans se tromper d'un vers les Moallakats des fameux poètes affichés aux portes des mosquées ; il était un peu poète lui-même et composait volontiers des vers assonants et rimés, qu'il déclamait sur des airs de sa façon avec beaucoup de grâce et de charme.

A force de fumer son narguilhé et de rêver à la fraîcheur du soir sur les dalles de marbre de sa terrasse, la tête de Mahmoud-Ben-Ahmed s'était un peu exaltée : il avait formé le projet d'être l'amant d'une péri ou tout au moins d'une princesse du sang royal. Voilà le motif secret qui lui faisait recevoir avec tant d'indifférence les propositions de mariage et refuser les offres des marchands d'esclaves. La seule compagnie qu'il pût supporter était celle de son cousin Abdul-Malek, jeune homme doux et timide qui semblait partager la modestie de ses goûts.

Un jour, Mahmoud-Ben-Ahmed se

rendait au bazar pour acheter quelques flacons d'atar-gull et autres drogueries de Constantinople, dont il avait besoin. Il rencontra, dans une rue fort étroite, une litière fermée par des rideaux de velours incarnadin, portée par deux mules blanches et précédée de zebeks et de chiaoux richement costumés. Il se rangea contre le mur pour laisser passer le cortége ; mais il ne put le faire si précipitamment qu'il n'eût le temps de voir, par l'interstice des courtines, qu'une folle bouffée d'air souleva, une fort belle dame assise sur des coussins de brocart d'or. La dame, se fiant sur l'épaisseur des rideaux et se croyant à l'abri de tout regard téméraire, avait relevé son voile à cause de lachaleur. Ce ne fut qu'un éclair ; cependant cela suffit pour faire tourner la tête du pauvre Mahmoud-Ben-Ahmed : la dame avait le teint d'une blancheur éblouissante, des sourcils que l'on eût pu croire tracés au pinceau, une bouche de grenade, qui en s'entr'ouvrant laissait voir une double file de perles d'Orient plus fines et plus limpides que celles qui forment les bracelets et le collier de la sultane favorite, un air agréable et fier, et dans toute sa personne je ne sais quoi de noble et de royal.

Mahmoud-Ben-Ahmed, comme

ébloui de tant de perfections, resta longtemps immobile à la même place, et, oubliant qu'il était sorti pour faire des emplettes, il retourna chez lui les mains vides, emportant dans son cœur la radieuse vision.

Toute la nuit il ne songea qu'à la belle inconnue, et dès qu'il fut levé il se mit à composer en son honneur une longue pièce de poésie, où les comparaisons les plus fleuries et les plus galantes étaient prodiguées.

Ne sachant que faire, sa pièce achevée et transcrite sur une belle feuille de papyrus avec de belles majuscules en encre rouge et des fleurons dorés, il la mit dans sa manche et sortit pour montrer ce morceau à son ami Abdul, pour lequel il n'avait aucune pensée secrète.

En se rendant à la maison d'Abdul, il passa devant le bazar et entra dans la boutique du marchand de parfums pour prendre les flacons d'atar-gull. Il y trouva une belle dame enveloppée d'un long voile blanc qui ne laissait découvert que l'œil gauche. Mahmoud-Ben-Ahmed, sur ce seul œil gauche, reconnut incontinent la belle dame du palanquin. Son émotion fut si forte qu'il fut obligé de s'adosser à la muraille.

La dame au voile blanc s'aperçut du trouble de Mahmoud-Ben-Ahmed, et lui demanda obligeamment, ce qu'il avait et si, par hasard, il se trouvait incommodé.

Le marchand, la dame et Mahmoud-Ben-Ahmed passèrent dans l'arrière-boutique. Un petit nègre apporta sur un plateau un verre d'eau de neige, dont Mahmoud-Ben-Ahmed but quelques gorgées.

— Pourquoi donc ma vue vous a-t-elle causé une si vive impression? dit la dame d'un ton de voix fort doux et où perçait un intérêt assez tendre.

Mahmoud-Ben-Ahmed lui raconta comment il l'avait vue près de la mosquée du sultan Hassan à l'instant où les rideaux de sa litière s'étaient un peu écartés, et que depuis cet instant il se mourait d'amour pour elle.

— Vraiment, dit la dame, votre passion est née si subitement que cela? je ne croyais pas que l'amour vînt si vîte. Je suis effectivement la femme que vous avez rencontrée hier; je me rendais au bain dans ma litière, et comme la chaleur était étouffante, j'avais relevé mon voile. Mais vous m'avez mal vue, et je ne suis pas si belle que vous le dites.

En disant ces mots, elle écarta son voile et découvrit un visage radieux de beauté, et si parfait que l'envie n'aurait pu y trouver le moindre défaut.

Vous pouvez juger quels furent les transports de Mahmoud-Ben-Ahmed à une telle faveur; il se répandit en compliments qui avaient le mérite, bien rare pour des compliments, d'être parfaitement sincères et de n'avoir rien d'exagéré. Comme il parlait avec beaucoup de feu et de véhémence, le papier sur lequel ses vers étaient transcrits s'échappa de sa manche et roula sur le plancher.

—Quel est ce papier? dit la dame; l'écriture m'en paraît fort belle et annonce une main exercée.

— C'est, répondit le jeune homme en rougissant beaucoup, une pièce de vers que j'ai composée cette nuit, ne pouvant dormir. J'ai tâché d'y célébrer vos perfections ; mais la copie est bien loin de l'original, et mes vers n'ont point les brillants qu'il faut pour célébrer ceux de vos yeux.

La jeune dame lut ces vers attentivement, et dit en les mettant dans sa ceinture :

— Quoiqu'ils contiennent beaucoup de flatteries, ils ne sont vraiment pas mal tournés.

Puis elle ajusta son voile et sortit de la boutique en laissant tomber avec un accent qui pénétra le cœur de Mahmoud-Ben-Ahmed :

— Je viens quelquefois, au retour du bain, acheter des essences et des boîtes de parfumerie chez Bedredin.

Le marchand félicita Mahmoud-Ben-Ahmed de sa bonne fortune, et, l'emmenant tout au fond de sa boutique, il lui dit bien bas à l'oreille :

— Cette jeune dame n'est autre que la princesse Ayesha, fille du calife.

Mahmoud-Ben-Ahmed rentra chez lui tout'étourdi de son bonheur et n'osant y croire. Cependant quelque modeste qu'il fût, il ne pouvait se dissimuler que la princesse Ayesha ne l'eût regardé d'un œil favorable. Le hasard, ce grand entremetteur, avait été au-delà de ses plus audacieuses espérances. Combien il se félicita alors de ne pas avoir cédé aux suggestions de ses amis qui l'engageaient à prendre femme, et aux portraits séduisants que lui faisaient les vieilles des jeunes filles à marier qui ont toujours, comme chacun le sait, des yeux de gazelle, une figure de pleine lune, des cheveux plus longs que la queue d'Al-Borack, la jument du Prophète, une bouche de jaspe rouge, avec une haleine d'ambre gris, et mille autres perfections qui tombent avec le haick et le voile nuptial : comme il fut heureux de se sentir dégagé de tout lien vulgaire, et libre de s'abandonner tout entier à sa nouvelle passion.

Il eut beau s'agiter et se tourner

sur son divan, il ne put s'endormir ;
l'image de la princesse Ayesha, étincelante comme un oiseau de flamme
sur un fond de soleil couchant, passait et repassait devant ses yeux. Ne
pouvant trouver de repos, il monta
dans un de ses cabinets de bois de cèdre merveilleusement découpé que
l'on applique, dans les villes d'Orient,
aux murailles extérieures des maisons,
afin d'y profiter de la fraîcheur et du
courant d'air qu'une rue ne peut manquer de former ; le sommeil ne lui
vint pas encore, car le sommeil est
comme le bonheur, il fuit quand on
le cherche ; et, pour calmer ses esprits par le spectacle d'une nuit se-

reine, il se rendit avec son narguilhé sur la plus haute terrasse de son habitation.

L'air frais de la nuit, la beauté du ciel plus pailleté d'or qu'une robe de péri et dans lequel la lune faisait voir ses joues d'argent, comme une sultane pâle d'amour qui se penche aux treillis de son kiosque, firent du bien à Mahmoud-Ben-Ahmed, car il était poète, et ne pouvait rester insensible au magnifique spectacle qui s'offrait à sa vue.

De cette hauteur, la ville du Caire se déployait devant lui comme un de ces plans en relief où les giaours retracent leurs villes fortes. Les terrasses ornées de pots de plantes grasses, et bariolées de tapis; les places où miroitait l'eau du Nil, car on était à l'époque de l'inondation; les jardins d'où jaillissaient des groupes de palmiers, des touffes de caroubiers ou de nopals; les îles de maisons coupées de rues étroites; les coupoles d'étain des mosquées; les minarets frêles et découpés à jour comme un hochet d'ivoire; les angles obscurs ou lumineux des palais formaient un coup-d'œil arrangé à souhait pour le plaisir des yeux. Tout au fond, les sables cendrés de la plaine confondaient leurs teintes avec les couleurs laiteuses du firmament, et les trois pyramides de Giseh, vaguement ébauchées par un rayon bleuâtre, dessinaient au bord de l'horizon leur gigantesque triangle de pierre.

Assis sur une pile de carreaux et le corps enveloppé par les circonvolutions élastiques du tuyau de son narguilhé, Mahmoud-Ben-Ahmed tâchait de démêler dans la transparente obscurité la forme lointaine du palais où dormait la belle Ayesha. Un silence profond régnait sur ce tableau qu'on aurait pu croire peint, car aucun souffle, aucun murmure n'y révélaient la présence d'un être vivant : le seul bruit appréciable était celui que faisait la fumée du narguilhé de Mahmoud-Ben-Ahmed en traversant la boule de cristal de roche remplie d'eau destinée à refroidir ses blanches bouffées. Tout d'un coup, un cri aigu éclata au milieu de ce calme, un cri de détresse suprême, comme doit en pousser, au bord de la source, l'antilope qui sent se poser sur son cou la griffe d'un lion, ou s'engloutir sa tête dans la gueule d'un crocodile. Mahmoud-Ben-Ahmed, effrayé par ce cri d'agonie et de désespoir, se leva d'un seul bond et posa instinctivement la main sur le pommeau de son yathagan dont il fit jouer la lame pour s'assurer qu'elle ne tenait pas au fourreau; puis il se pencha du côté d'où le bruit avait semblé partir.

Il démêla fort loin dans l'ombre un groupe étrange, mystérieux, composé d'une figure blanche poursuivie par une meute de figures noires, bizarres et monstrueuses, aux gestes frénétiques, aux allures désordonnées. L'ombre blanche semblait voltiger sur la cime des maisons, et l'intervalle qui la séparait de ses persécuteurs était si peu considérable, qu'il était à craindre qu'elle ne fût bientôt prise si sa course se prolongeait, et qu'aucun événement ne vînt à son secours. Mahmoud-Ben-Ahmed crut d'abord que c'était une péri ayant aux trousses un essaim de goules mâchant de la chair de mort dans leurs incisives démesurées, ou de djinns aux aîles flasques, membraneuses, armées d'ongles comme celles des chauves-souris et, tirant de sa poche son comboloio de graines d'aloës jaspées, il se mit à réciter, comme préservatif, les quatre-vingt-dix-neuf noms d'Allah. Il n'était pas au vingtième, qu'il s'arrêta. Ce n'était pas une péri, un être surnaturel qui fuyait ainsi en sautant d'une terrasse à l'autre et en franchissant les rues de quatre ou cinq pieds de large qui coupent le bloc compact des villes orientales, mais bien une femme; les djinns n'étaient que des zebecks, des chiaoux et des eunuques acharnés à sa poursuite.

Deux ou trois terrasses et une rue séparaient encore la fugitive de la plate-forme où se tenait Mahmoud-Ben-Ahmed, mais ses forces semblaient la trahir; elle retourna convulsivement la tête sur l'épaule, et, comme un cheval épuisé dont l'éperon ouvre le flanc, voyant si près d'elle le groupe hideux qui la poursuivait, elle mit la rue entre elle et ses ennemis d'un bond désespéré.

Elle frôla dans son élan Mahmoud-Ben-Ahmed qu'elle n'aperçut pas, car la lune s'était voilée, et courut à l'extrémité de la terrasse qui donnait de ce côté-là sur une seconde rue plus large que la première. Désespérant de la pouvoir sauter, elle eut l'air de chercher des yeux quelque coin où se blottir, et avisant un grand vase de marbre, elle se cacha dedans comme un génie qui rentre dans la coupe d'un lis.

La troupe furibonde envahit la terrasse avec l'impétuosité d'un vol de démons. Leurs faces cuivrées ou noires à longues moustaches, ou hideusement imberbes, leurs yeux étincelants, leurs mains crispées agitant des damas et des kandjars, la fureur empreinte sur leurs physionomies basses et féroces, causèrent un mouvement d'effroi à Mahmoud-Ben-Ahmed, quoiqu'il fût brave de sa personne et habile au maniement des armes. Ils parcoururent de l'œil la terrasse vide, et n'y voyant pas la fugitive, ils pensèrent sans doute qu'elle avait franchi la seconde rue, et ils continuèrent leur poursuite sans faire autrement attention à Mahmoud-Ben-Ahmed.

Quand le cliquetis de leurs armes et le bruit de leurs babouches sur les dalles des terrasses se fut éteint dans l'éloignement, la fugitive commença à lever par-dessus les bords du vase sa jolie tête pâle, et promena autour d'elle des regards d'antilope effrayée, puis elle sortit ses épaules et se mit debout, charmant pistil de cette grande fleur de marbre; n'apercevant plus que Mahmoud-Ben-Ahmed qui lui souriait et lui faisait signe qu'elle n'avait rien à craindre, elle s'élança hors du vase et vint vers le jeune homme avec une attitude humble et des bras suppliants.

— Par grâce, par pitié, seigneur,

sauvez-moi, cachez-moi dans le coin le plus obscur de votre maison, dérobez-moi à ces démons qui me poursuivent.

Mahmoud-Ben-Ahmed la prit par la main, la conduisit à l'escalier de la terrasse dont il ferma la trappe avec soin, et la mena dans sa chambre. Quand il eut allumé la lampe, il vit que la fugitive était jeune, il l'avait déjà deviné au timbre argentin de sa voix, et fort jolie, ce qui ne l'étonna pas; car, à la lueur des étoiles, il avait distingué sa taille élégante. Elle paraissait avoir quinze ans tout au plus. Son extrême pâleur faisait ressortir ses grands yeux noirs en amande, dont les coins se prolongeaient jusqu'aux tempes ; son nez mince et délicat donnait beaucoup de noblesse à son profil, qui aurait pu faire envie aux plus belles filles de Chio ou de Chypre, et rivaliser avec la beauté de marbre des idoles adorées par les vieux païens grecs. Son cou était charmant et d'une blancheur parfaite ; seulement, sur sa nuque, on voyait une légère raie de pourpre mince comme un cheveu ou comme le plus délié fil de soie, quelques petites gouttelettes de sang sortaient de cette ligne rouge. Ses vêtements étaient simples, et se composaient d'une veste passementée de soie, de pantalons de mousseline et d'une ceinture bariolée; sa poitrine se levait et s'abaissait sous sa tunique de gaze rayée, car elle était encore hors d'haleine et à peine remise de son effroi.

Lorsqu'elle fut un peu reposée et rassurée, elle s'agenouilla devant Mahmoud-Ben-Ahmed et lui raconta son histoire en fort bons termes : « J'étais esclave dans le sérail du riche Abu-Becker, et j'ai commis la faute de remettre à la sultane favorite un sélam ou lettre de fleurs envoyée par un jeune émir de la plus belle mine avec qui elle entretenait un commerce amoureux. Abu-Becker, ayant surpris le sélam, est entré dans une fureur horrible, a fait enfermer sa sultane favorite dans un sac de cuir avec deux chats, l'a fait jeter à l'eau et m'a condamnée à avoir la tête tranchée. Le kislar-agassi fut chargé de cette exécution ; mais, profitant de l'effroi et du désordre qu'avait causés dans le sérail le châtiment terrible infligé à la pauvre Nourmahal, et trouvant ouverte la trappe de la terrasse, je me sauvai. Ma fuite fut aperçue, et bientôt les eunuques noirs, les zebecs et les Albanais au service de mon maître se mirent à ma poursuite. L'un d'eux, Mesrour, dont j'ai toujours repoussé les prétentions, m'a talonnée de si près avec son damas brandi, qu'il a bien manqué de m'atteindre; une fois même j'ai senti le fil de son sabre effleurer ma peau, et c'est alors que j'ai poussé ce cri terrible que vous avez dû entendre, car je vous avoue que j'ai cru que ma dernière heure était arrivée; mais Dieu est Dieu et Mahomet est son prophète; l'ange Asraël n'était pas encore prêt à m'emporter vers le pont d'Alsirat. Maintenant je n'ai plus d'espoir qu'en vous. Abu-Becker est puissant, il me fera chercher, et s'il peut me reprendre, Mesrour aurait cette fois la main plus sûre, et son damas ne se contenterait pas de m'effleurer le cou, dit-elle en souriant, et en passant la main sur l'imperceptible raie rose tracée par le sabre du zebec. Acceptez-moi pour votre esclave, je vous consacrerai une vie que je vous dois. Vous trouverez toujours mon épaule pour appuyer votre coude, et ma chevelure pour essuyer la poudre de vos sandales. »

Mahmoud-Ben-Ahmed était fort compatissant de sa nature, comme tous les gens qui ont étudié les lettres et la poésie. Leila, tel était le nom de l'esclave fugitive, s'exprimait en termes choisis; elle était jeune, belle, et n'eût-elle été rien de tout cela, l'humanité eût défendu de la renvoyer. Mahmoud-Ben-Ahmed montra à la jeune esclave un tapis de Perse, des carreaux de soie dans l'angle de la chambre, et sur le rebord de l'estrade une petite collation de dattes, de cédrats confits et de conserves de roses de Constantinople, à laquelle, distrait par ses pensées, il n'avait pas touché lui-même, et de plus, deux pots à rafraîchir l'eau, en terre poreuse de Thèbes, posés dans des soucoupes de porcelaine du Japon et couverts d'une transpiration perlée. Ayant ainsi installé provisoirement Leila, il remonta sur sa terrasse pour achever son narguilhé et trouver la dernière assonance du ghazel qu'il composait en l'honneur de la princesse Ayesha, ghazel où les lis d'Iran, les fleurs du Gulistan, les étoiles et toutes les constellations célestes se disputaient pour entrer.

Le lendemain, Mahmoud-Ben-Ahmed, dès que le jour parut, fit cette réflexion qu'il n'avait pas de sachet de benjoin, qu'il manquait de civette, et que la bourse de soie brochée d'or et constellée de paillettes, où il serrait son latakié, était éraillée et demandait à être remplacée par une autre plus riche et de meilleur goût. Ayant à peine pris le temps de faire ses ablutions et de réciter sa prière en se tournant du côté de l'orient, il sortit de sa maison après avoir recopié sa poésie et l'avoir mise dans sa manche comme la première fois, non pas dans l'intention de la montrer à son ami Abdul, mais pour la remettre à la princesse Ayesha en personne, dans le cas où il la rencontrerait au bazar, dans la boutique de Bedredin. Le muezzin, perché sur le balcon du minaret, annonçait seulement la cinquième heure; il n'y avait dans les rues que les fellahs, poussant devant eux leurs ânes chargés de pastèques, de régimes de dattes, de poules liées par les pattes, et de moitiés de moutons qu'ils portaient au marché. Il fut dans le quartier où était situé le palais d'Ayesha, mais il ne vit rien que des murailles crénelées et blanchies à la chaux. Rien ne paraissait aux trois ou quatre petites fenêtres obstruées de treillis de bois à mailles étroites, qui permettaient aux gens de la maison de voir ce qui se passait dans la rue, mais ne laissaient aucun espoir aux regards indiscrets et aux curieux du dehors. Les palais orientaux, à l'envers des palais du Franguistan, réservent leurs magnificences pour l'intérieur et tournent, pour ainsi dire, le dos au passant. Mahmoud-Ben-Ahmed ne retira donc pas grand fruit de ses investigations. Il vit entrer et sortir deux ou trois esclaves noirs, richement habillés, et dont la mine insolente et fière prouvait la conscience d'appartenir à une maison considérable et à une personne de la plus haute qualité. Notre amoureux, en regardant ces épaisses murailles, fit de vains efforts pour découvrir de quel côté se trouvaient les appartements d'Ayesha. Il ne put y parvenir : la grande porte, formée par un arc découpé en cœur, était murée au fond, ne donnait accès dans la cour que par une porte latérale, et ne permettait pas au regard d'y pénétrer. Mahmoud-Ben-Ahmed fut obligé de se retirer sans avoir fait aucune découverte; l'heure s'avançait et il aurait pu être remarqué. Il se rendit donc chez Bedredin, auquel il fit, pour se le rendre favorable, des emplettes assez considérables d'objets dont il n'avait aucun besoin. Il s'assit dans la boutique, questionna le marchand, s'enquit de son commerce, s'il s'était heureusement défait des soieries et des tapis apportés par la dernière caravane d'Alep, si ses vaisseaux étaient arrivés au port sans avaries; bref, il fit toutes les lâchetés habituelles aux amoureux; il espérait toujours voir paraître Ayesha; mais il fut trompé dans son attente : elle ne vint pas ce jour-là. Il s'en retourna chez lui, le cœur gros, l'appelant déjà cruelle et perfide, comme si effectivement elle lui eût promis de se trouver chez Bedredin et qu'elle lui eût manqué de parole.

En rentrant dans sa chambre, il mit ses babouches dans la niche de marbre sculpté, creusée à côté de la porte pour cet usage; il ôta le caftan d'étoffe précieuse qu'il avait endossé dans l'idée de rehausser sa bonne mine et de paraître avec tous ses avantages aux yeux d'Ayesha, et s'étendit sur son divan dans un affaissement voisin du désespoir. Il lui semblait que tout était perdu, que le monde allait finir, et il se plaignait amèrement de la fatalité; le tout, pour ne pas avoir rencontré, ainsi qu'il l'espérait, une femme qu'il ne connaissait pas deux jours auparavant.

Comme il avait fermé les yeux de son corps pour mieux voir le rêve de son âme, il sentit un vent léger lui rafraîchir le front; il souleva ses paupières, et vit, assise à côté de lui, par terre, Leila qui agitait un de ces petits pavillons d'écorce de palinier, qui servent, en Orient, d'éventail et de chasse-mouche. Il l'avait complètement oubliée.

— Qu'avez-vous, mon cher seigneur? dit-elle d'une voix perlée et mélodieuse comme de la musique. Vous ne paraissez pas jouir de votre tranquillité d'esprit; quelque souci vous tourmente. S'il était au pouvoir de votre esclave de dissiper ce nuage de tristesse qui voile votre front, elle s'estimerait la plus heureuse femme du monde, et ne porterait pas envie à la sultane Ayesha elle-même, quelque belle et quelque riche qu'elle soit.

Ce nom fit tressaillir Mahmoud-Ben-Ahmed sur son divan, comme un malade dont on touche la plaie par hasard; il se souleva un peu et jeta un regard inquisiteur sur Leila, dont la physionomie était la plus calme du monde et n'exprimait rien autre chose qu'une tendre sollicitude. Il rougit cependant comme s'il avait été surpris dans le secret de sa passion. Leila, sans faire attention à cette rougeur délatrice et significative, continua à offrir ses consolations à son nouveau maître :

— Que puis-je faire pour éloigner de votre esprit les sombres idées qui l'obsèdent? un peu de musique dissiperait peut-être cette mélancolie. Une vieille esclave qui avait été odalisque de l'ancien sultan m'a appris les secrets de la composition ; je puis improviser des vers et m'accompagner de la guzla.

En disant ces mots, elle détacha du mur la guzla au ventre de citronier, côtelé d'ivoire, au manche incrusté de nacre, de burgau et d'ébène, et joua d'abord avec une rare perfection la tarabuca et quelques autres airs arabes.

La justesse de la voix et la douceur de la musique eussent, en toute autre occasion, réjoui Mahmoud-Ben-Ahmed, qui était fort sensible aux agréments des vers et de l'harmonie ; mais il avait le cerveau et le cœur si préoccupés de la dame qu'il avait vue chez Bedredin, qu'il ne fit aucune attention aux chansons de Leila.

Le lendemain, plus heureux que la veille, il rencontra Ayesha dans la boutique de Bedredin. Vous décrire sa joie serait une entreprise impossible; ceux qui ont été amoureux peuvent seuls la comprendre. Il resta un moment sans voix, sans haleine, un nuage dans les yeux. Ayesha, qui vit son émotion, lui en sut gré et lui adressa la parole, avec beaucoup d'affabilité; car rien ne flatte les personnes de haute naissance comme le trouble qu'elles inspirent. Mahmoud-Ben-Ahmed, revenu à lui, fit tous ses efforts pour être agréable, et comme il était jeune, de belle apparence, qu'il avait étudié la poésie et s'exprimait dans les termes les plus élégants, il crut s'apercevoir qu'il ne déplaisait point, et il s'enhardit à demander un rendez-vous à la princesse dans un lieu plus propice et plus sûr que la boutique de Bedredin.

— Je sais, lui dit-il, que je suis tout au plus bon pour être la poussière de votre chemin, que la distance de vous à moi ne pourrait être parcourue en mille ans par un cheval de la race du prophète toujours lancé au galop; mais l'amour rend audacieux, et la chenille éprise de la rose ne saurait s'empêcher d'avouer son amour.

Ayesha écouta tout cela sans le moindre signe de courroux, et, fixant sur Mahmoud-Ben-Ahmed des yeux chargés de langueur, elle lui dit :

— Trouvez-vous demain à l'heure de la prière dans la mosquée du sultan Hassan, sous la troisième lampe; vous y rencontrerez un esclave noir vêtu de damas jaune. Il marchera devant vous, et vous le suivrez.

Cela dit, elle ramena son voile sur sa figure et sortit.

Notre amoureux n'eut garde de

manquer au rendez-vous : il se planta sous la troisième lampe, n'osant s'en écarter de peur de ne pas être trouvé par l'esclave noir, qui n'était pas encore à son poste. Il est vrai que Mahmoud-Ben-Ahmed avait devancé de deux heures le moment indiqué. Enfin il vit paraître le nègre vêtu de damas jaune, il vint droit au pilier contre lequel Mahmoud-Ben-Ahmed se tenait debout. L'esclave l'ayant regardé attentivement, lui fit un signe imperceptible pour l'engager à le suivre. Ils sortirent tous deux de la mosquée. Le noir marchait d'un pas rapide, et fit faire à Mahmoud-Ben-

Ahmed une infinité de détours à travers l'écheveau embrouillé et compliqué des rues du Caire. Notre jeune homme une fois voulut adresser la parole à son guide ; mais celui-ci, ouvrant sa large bouche meublée de dents aiguës et blanches, lui fit voir que sa langue avait été coupée jusqu'aux racines. Ainsi il lui eut été difficile de commettre d'indiscrétions.

Enfin ils arrivèrent dans un endroit de la ville tout-à-fait désert et que Mahmoud-Ben-Ahmed ne connaissait pas, quoiqu'il fût natif du Caire et qu'il crût en connaître tous les quartiers : le muet s'arrêta devant un mur blanchi à la chaux, où il n'y avait pas apparence de porte. Il compta six pas à partir de l'angle du mur, et chercha avec beaucoup d'attention un ressort sans doute caché dans l'interstice des pierres. L'ayant trouvé, il pressa la détente, une colonne tourna sur elle-même, et laissa voir un passage sombre, étroit, où le muet s'engagea, suivi de Mahmoud-Ben-Ahmed. Ils descendirent d'abord plus de cent marches, et suivirent ensuite un corridor obscur d'une longueur interminable. Mahmoud-Ben-Ahmed, en tâtant les murs, reconnut qu'ils étaient de roche vive, sculptés d'hiéroglyphes en creux, et comprit qu'il était dans les couloirs souterrains d'une ancienne nécropole égyptienne, dont on avait profité pour établir cette issue secrète. Au bout du corridor, dans un grand éloignement, scintillaient quelques lueurs de jour bleuâtre. Ce jour passait à travers des dentelles d'une sculpture évidée faisant partie de la salle où le corridor aboutissait. Le muet poussa un autre ressort, et Mahmoud-Ben-Ahmed se trouva dans une salle dallée de marbre blanc, avec un bassin et un jet d'eau au milieu, des colonnes d'albâtre, des murs revêtus de mosaïques de verre, de sentences du Coran entremêlées de fleurs et d'ornements, et couverte par une voûte sculptée, fouillée, travaillée comme l'intérieur d'une ruche ou d'une grotte à stalactites ; d'énormes pivoines écarlates posées dans des vases mauresques de porcelaine blanche et bleue complétaient la décoration. Sur une estrade garnie de coussins, espèce d'alcôve pratiquée dans l'épaisseur du mur, était assise la princesse Ayesha, sans voile, radieuse, et surpassant en beauté les houris du quatrième ciel. — Eh bien ! Mahmoud-Ben-Ahmed, avez-vous fait d'autres vers en mon honneur? lui dit-elle du ton le plus gracieux en lui faisant signe de s'asseoir.

Mahmoud-Ben-Ahmed se jeta aux genoux d'Ayesha et tira son papyrus de sa manche, et lui récita son ghazel du ton le plus passionné; c'était vraiment un remarquable morceau de poésie. Pendant qu'il lisait, les joues de la princesse s'éclairaient et se coloraient comme une lampe d'albâtre que l'on vient d'allumer. Ses yeux étoilaient et lançaient des rayons d'une clarté extraordinaire, son corps devenait comme transparent; sur ses épaules frémissantes s'ébauchaient vaguement des ailes de papillon. Malheureusement Sidi, trop occupé de la lecture de sa pièce de vers, ne leva pas les yeux et ne s'aperçut pas de la métamorphose qui s'était opérée. Quand il eut achevé, il n'avait plus devant lui que la princesse Ayesha qui le regardait en souriant d'un air ironique.

Comme tous les poètes, trop occupés de leurs propres créations, Mahmoud-Ben-Ahmed avait oublié que les plus beaux vers ne valent pas une parole sincère, un regard illuminé par la clarté de l'amour. — Les péris sont comme les femmes, il faut les deviner et les prendre juste au moment où elles vont remonter aux cieux pour n'en plus descendre. — L'occasion doit être saisie par la boucle de cheveux qui lui pend sur le front, et les esprits de l'air par leurs ailes. C'est ainsi qu'on peut s'en rendre maître.

— Vraiment, Mahmoud-Ben-Ahmed, vous avez un talent de poète des plus rares, et vos vers méritent d'être affichés à la porte des mosquées, écrits en lettres d'or, à côté des plus célèbres productions de Ferdoussi, de Saâdi et d'Ibnn-Ben-Omaz. C'est dommage qu'absorbé par la perfection de vos rimes allitérées, vous ne m'ayez pas regardée tout à l'heure, vous auriez vu... ce que vous ne reverrez peut-être jamais plus. Votre vœu le plus cher s'est accompli devant vous sans que vous vous en soyez aperçu. Adieu, Mahmoud-Ben-Amed, qui ne vouliez aimer qu'une péri.

Là-dessus Ayesha se leva d'un air tout-à-fait majestueux, souleva une portière de brocart d'or, et disparut.

Le muet vint reprendre Mahmoud-Ben-Ahmed, et le reconduisit par le même chemin jusqu'à l'endroit où il l'avait pris. Mahmoud-Ben-Ahmed, affligé et surpris d'avoir été ainsi congédié, ne savait que penser et se perdait dans ses réflexions, sans pouvoir trouver de motif à la brusque sortie de la princesse : il finit par l'attribuer à un caprice de femme, qui changerait à la première occasion; mais il eut beau aller chez Bedredin acheter du benjoin et des peaux de civette, il ne rencontra plus la princesse Ayesha ; il fit un nombre infini de stations près du troisième pilier de la mosquée du sultan Hassan, il ne vit plus reparaître le noir vêtu de damas jaune, ce qui le jeta dans une noire et profonde mélancolie.

Leila s'ingéniait à mille inventions pour le distraire : elle lui jouait de la guzla ; elle lui récitait des histoires merveilleuses; ornait sa chambre de bouquets dont les couleurs étaient si bien mariées et diversifiées, que la vue en était aussi réjouie que l'odorat ; quelquefois même elle dansait devant lui avec autant de souplesse et de grâce que l'almée la plus habile; tout autre que Mahmoud-Ben-Ahmed eût été touché de tant de prévenances et d'attentions; mais il avait la tête ailleurs, et le désir de retrouver Ayesha ne lui laissait aucun repos. Il avait été bien souvent errer à l'entour du palais de la princesse; mais il n'avait jamais pu l'apercevoir; rien ne se montrait derrière les treillis exactement fermés; le palais était comme un tombeau.

Son ami Abdul-Maleck, alarmé de son état, venait le visiter souvent, et ne pouvait s'empêcher de remarquer les grâces et la beauté de Leila, qui égalaient pour le moins celles de la princesse Ayesha, si même elles ne les dépassaient, et s'étonnait de l'aveuglement de Mahmoud-Ben-Ahmed; et s'il n'eût craint de violer les saintes lois de l'amitié, il eût pris volontiers la jeune esclave pour femme. Cependant, sans rien perdre de sa beauté, Leila devenait chaque jour plus pâle; ses grands yeux s'alanguissaient; les rougeurs de l'aurore faisaient place sur ses joues aux pâleurs du clair de lune. Un jour Mahmoud-Ben-Ahmed s'aperçut qu'elle avait pleuré, et lui en demanda la cause :

— O mon cher seigneur, je n'oserais jamais vous la dire : moi, pauvre esclave recueillie par pitié, je vous aime; mais que suis-je à vos yeux ? je sais que vous avez formé le vœu de n'aimer qu'une péri ou qu'une sultane : d'autres se contenteraient d'être aimés sincèrement par un cœur jeune et pur, et ne s'inquiéteraient pas de la fille du calife ou de la reine des génies : regardez-moi; j'ai eu quinze ans hier, je suis peut-être aussi belle que cette Ayesha dont vous parlez tout haut en rêvant; il est vrai que l'on ne voit pas briller sur mon front l'escarboucle magique, ou l'aigrette de plume de héron; je ne marche pas accompagnée de soldats aux mousquets incrustés d'argent et de corail. Mais cependant je sais chanter, improviser sur la guzla, je danse comme Eminch elle-même, je suis pour vous comme une sœur dévouée; que faut-il donc pour toucher votre cœur?

Mahmoud-Ben-Ahmed, en entendant ainsi parler Leila, sentait son cœur se troubler ; cependant il ne disait rien et semblait en proie à une profonde méditation. Deux résolutions contraires se disputaient son âme : d'une part, il lui en coûtait de renoncer à son rêve favori ; de l'autre, il se disait qu'il serait bien fou de s'attacher à une femme qui s'était jouée de lui et l'avait quitté avec des paroles railleuses, lorsqu'il avait dans sa maison, en jeunesse et en beauté, au moins l'équivalent de ce qu'il perdait.

Leila, comme attendant son arrêt, se tenait agenouillée, et deux larmes coulaient silencieusement sur la figure pâle de la pauvre enfant :

— Ah ! pourquoi le sabre de Mesrour n'a-t-il pas achevé ce qu'il avait commencé ! dit-elle en portant la main à son cou frêle et blanc.

Touché de cet accent de douleur, Mahmoud-Ben-Ahmed releva la jeune esclave et déposa un baiser sur son front.

Leila redressa la tête comme une colombe caressée, et, se posant devant Mahmoud-Ben-Ahmed, lui prit les mains, et lui dit :

— Regardez-moi bien attentivement ; ne trouvez-vous pas que je ressemble fort à quelqu'un de votre connaissance ?

— Mahmoud-Ben-Ahmed ne put retenir un cri de surprise :

— C'est la même figure, les mêmes yeux, tous les traits en un mot de la princesse Ayesha. Comment se fait-il que je n'aie pas remarqué cette ressemblance plus tôt ?

— Vous n'aviez jusqu'à présent laissé tomber sur votre pauvre esclave qu'un regard fort distrait, répondit Leila d'un ton de douce raillerie.

— La princesse Ayesha elle-même m'enverrait maintenant son noir à la robe de damas jaune, avec le sélam d'amour, que je refuserais de le suivre.

—Bien vrai? dit Leila d'une voix plus mélodieuse que celle de Bulbul faisant ses aveux à la rose bien-aimée. Cependant, il ne faudrait pas trop mépriser cette pauvre Ayesha, qui me ressemble tant.

Pour toute réponse, Mahmoud-Ben-Ahmed pressa la jeune esclave sur son cœur. Mais quel fut son étonnement lorsqu'il vit la figure de Leila s'illuminer, l'escarboucle magique s'allumer sur son front, et des ailes, semées d'yeux de paon, se développer sur ses charmantes épaules! Leila était une péri!

—Je ne suis, mon cher Mahmoud-Ben-Ahmed, ni la princesse Ayesha, ni Leila l'esclave. Mon véritable nom est Boudroulboudour. Je suis péri du premier ordre, comme vous pouvez le voir par mon escarboucle et par mes ailes. Un soir, passant dans l'air à côté de votre terrasse, je vous entendis émettre le vœu d'être aimé d'une péri. Cette ambition me plut; les mortels ignorants, grossiers et perdus dans les plaisirs terrestres, ne songent pas à de si rares voluptés.— J'ai voulu vous éprouver, et j'ai pris le déguisement d'Ayesha et de Leila pour voir si vous sauriez me reconnaître et m'aimer sous cette enveloppe humaine. — Votre cœur a été plus clairvoyant que votre esprit, et vous avez eu plus de bonté que d'orgueil. Le dévouement de l'esclave vous l'a fait préférer à la sultane; c'était là que je vous attendais. Un moment séduite par la beauté de vos vers, j'ai été sur le point de me trahir ; mais j'avais peur que vous ne fussiez qu'un poète amoureux seulement de votre imagination et de vos rimes, et je me suis retirée affectant un dédain superbe. Vous avez voulu épouser Leila l'esclave, Boudroulboudour la péri se charge de la remplacer. Je serai Leila pour tous, et péri pour vous seul; car je veux votre bonheur, et le monde ne vous pardonnerait pas de jouir d'une félicité supérieure à la sienne. Toute fée que je sois, c'est tout au plus si je pourrais vous défendre contre l'envie et la méchanceté des hommes.

Ces conditions furent acceptées avec transport par Mahmoud-Ben-Ahmed, et les noces furent faites comme s'il eût épousé réellement la petite Leila.

Telle est en substance l'histoire que je dictai à Scheherazade par l'entremise de Francesco.

— Comment a-t-il trouvé votre conte arabe, et qu'est devenue Scheherazade?

— Je ne l'ai plus vue depuis.

Je pense que Schariar, mécontent de cette histoire, aura fait définitivement couper la tête à la pauvre sultane.

Des amis, qui reviennent de Bagdad, m'ont dit avoir vu, assise sur les marches d'une mosquée, une femme dont la folie était de se croire Dinazarde des *Mille et une Nuits*, et qui répétait sans cesse cette phrase :

« Ma sœur, contez-nous une de

ces belles histoires que vous savez si bien conter. »

Elle attendait quelques minutes, prêtant l'oreille avec beaucoup d'attention, et comme personne ne lui répondait, elle se mettait à pleurer, puis essuyait ses larmes avec un mouchoir brodé d'or et tout constellé de taches de sang.

LE

PAVILLON SUR L'EAU.

LE

PAVILLON SUR L'EAU.

—◆—

Dans la province de Canton, à quelques *li* de la ville, demeuraient porte à porte deux riches Chinois retirés des affaires; à quelle époque, c'est ce qu'il importe peu de savoir, les contes n'ont pas besoin d'une chronologie bien précise. L'un de ces Chinois s'appelait Tou, et l'autre

Kouan; Tou avait occupé de hautes fonctions scientifiques. Il était *hanlin* et lettré de la Chambre de jaspe; Kouan, dans des emplois moins relevés, avait su amasser de la fortune et de la considération.

Tou et Kouan, que reliait une parenté éloignée, s'étaient aimés autrefois. Plus jeunes, ils se plaisaient à se réunir avec quelques-uns de leurs anciens condisciples, et, pendant les soirées d'automne, ils faisaient voltiger le pinceau chargé de noir sur le treillis du papier à fleurs, et célébraient par des improvisations la beauté des reines-marguerites tout en buvant de petites tasses de vin;

mais leurs deux caractères, qui ne présentaient d'abord que des différences presque insensibles, devinrent, avec le temps, tout-à-fait opposés. Telle une branche d'amandier qui se bifurque et dont les baguettes, rapprochées par le bas, s'écartent complètement au sommet, de sorte que l'une répand son parfum amer dans le jardin, tandis que l'autre secoue sa neige de fleurs en dehors de la muraille.

D'année en année, Tou prenait de la gravité; son ventre s'arrondissait majestueusement, son triple menton s'étageait d'un air solennel, il ne faisait plus que des distiques moraux bons à suspendre aux poteaux des pavillons.

Kouan, au contraire, semblait se ragaillardir avec l'âge, il chantait plus joyeusement que jamais le vin, les fleurs et les hirondelles. Son esprit, débarrassé de soins vulgaires, était vif, alerte comme celui d'un jeune homme, et quand le mot qu'il allait enchâsser dans un vers avait été donné, sa main n'hésitait pas un seul instant.

Peu à peu les deux amis s'étaient pris d'animosité l'un contre l'autre. Ils ne pouvaient plus se parler sans s'égratigner de paroles piquantes, et ils étaient, comme deux haies de ronces, hérissés d'épines et de griffes. Les choses en vinrent au point qu'ils n'eurent plus aucun rapport ensemble et firent pendre, chacun de son côté, à la façade de leurs maisons, une tablette portant la défense formelle qu'aucun des habitants du logis voisin, sous quelque prétexte que ce fût, en franchît jamais le seuil.

Ils auraient bien voulu pouvoir déraciner leurs maisons et les planter ailleurs; malheureusement cela n'était pas possible. Tou essaya même de vendre sa propriété; mais il n'en put trouver un prix raisonnable, et d'ailleurs il en coûte toujours de quitter les lambris sculptés, les tables polies, les fenêtres transparentes, les treillis dorés, les siéges de bambou, les vases de porcelaine, les cabinets de laque rouge ou noire, les cartouches d'anciens poèmes, qu'on a pris tant de peine à disposer; il est dur de céder à d'autres le jardin qu'on a planté soi-même de saules, de pêchers et de pruniers, où l'on a vu, chaque printemps, s'épanouir la jolie fleur de meï : chacun de ces objets attache le cœur de l'homme avec un fil plus ténu que la soie, mais aussi difficile à rompre qu'une chaîne de fer.

A l'époque où Tou et Kouan

étaient amis, ils avaient fait élever dans leur jardin chacun un pavillon, sur le bord d'une pièce d'eau commune aux deux propriétés : c'était un plaisir pour eux de s'envoyer du haut du balcon des salutations familières et de fumer la goutte d'opium enflammé sur le champignon de porcelaine en échangeant des bouffées bienveillantes; mais depuis leurs dissensions, ils avaient fait bâtir un mur qui séparait l'étang en deux portions égales; seulement, comme la profondeur du bassin était grande, le mur s'appuyait sur des pilotis formant des espèces d'arcades basses, dont les baies laissaient passer les eaux sur lesquelles s'allongeaient les reflets du pavillon opposé.

Ces pavillons comptaient trois étages avec des terrasses en retraite. Les toits, retroussés et courbés aux angles en pointes de sabot, étaient couverts de tuiles rondes brillantes et semblables aux écailles qui papelonnent le ventre des carpes ; sur chaque arête se profilaient des dentelures en forme de feuillages et de dragons. Des piliers de vernis rouge, réunis par une frise découpée à jours, comme la feuille d'ivoire d'un éventail, soutenaient cette toiture élégante. Leurs fûts reposaient sur un petit mur bas, plaqué de carreaux de porcelaine disposés avec une agréable symétrie, et bordé d'un garde-fou d'un dessin bizarre, de manière à former devant le corps de logis une galerie ouverte.

Cette disposition se répétait à chaque étage, non sans quelques variantes : ici les carreaux de porcelaine étaient remplacés par des bas-reliefs représentant divers sujets de la vie champêtre ; un lacis de branches curieusement difformes et faisant des coudes inattendus, se substituait au balcon; des poteaux, peints de couleurs vives, servaient de piédestaux à des chimères verruqueuses, à des monstres fantastiques, produit de toutes les impossibilités soudées ensemble. L'édifice se terminait par une corniche évidée et dorée, garnie d'une balustrade de bambous aux nœuds égaux, ornée à chaque compartiment d'une boule de métal. L'intérieur n'était pas moins somptueux : aux parois des murailles, des vers de Touchi et de Litaipe étaient écrits d'une main agile par lignes perpendiculaires, en caractères d'or sur fond de laque. Des feuilles de talc laissaient filtrer à travers les fenêtres un jour laiteux et couleur d'opale, et sur leur rebord, des pots de pivoine, d'orchis, de primevères de la Chine, d'érythrine à fleurs blanches, placés avec art, réjouissaient les yeux par leurs nuances délicates. Des carreaux, d'une soie magnifiquement ramagée, étaient disposés dans les coins de chaque chambre; et sur les tables, qui renvoyaient des reflets comme un miroir, on trouvait toujours des cure-dents, des éventails, des pipes d'ébène, des pierres de porphyre, des pinceaux, et tout ce qui est nécessaire pour écrire.

Des rochers artificiels, dans l'interstice desquels des saules, des noyers plongeaient leurs racines, servaient du côté de la terre de base à ces jolies constructions; du côté de l'eau, elles portaient sur des poteaux de bois indestructible.

C'était en réalité un coup d'œil charmant de voir le saule précipiter du haut de ces roches vers la surface de l'eau ses filaments d'or et ses houppes de soie, et les couleurs brillantes des pavillons reluire dans un cadre de feuillages bigarrés.

Sous le cristal de l'onde, folâtraient par bandes des poissons d'azur écaillés d'or ; des flottes de jolis canards à cols d'émeraude manœuvraient en tous sens, et les larges feuilles du nymphœa-nelumbo s'étalaient paresseusement sous la transparence diamantée de ce petit lac alimenté par une source vive.

Excepté vers le milieu, où le fond était formé d'un sable argenté d'une finesse extraordinaire, et où les bouillons de la source qui sourdait n'eussent pas permis à la végétation aquatique d'implanter ses fibrilles, tout le reste de l'étang était tapissé du plus beau velours vert qu'on puisse imaginer, par des nappes de cresson vivace.

Sans cette vilaine muraille élevée par l'inimitié réciproque des deux voisins, il n'y eût pas eu assurément, dans toute l'étendue de l'Empire du milieu, qui, comme on le sait, occupe plus des trois quarts du monde, un jardin plus pittoresque et plus délicieux ; chacun eût agrandi sa propriété de la vue de celle de l'autre ; car l'homme ici-bas ne peut prendre des objets que l'apparence.

Telle qu'elle était cependant, un sage n'eût pas souhaité, pour terminer sa vie dans la contemplation de la nature et les amusements de la poésie, une retraite plus fraîche et plus propice.

Tou et Kouan avaient gagné à leur mésintelligence une muraille pour toute perspective, et s'étaient privés réciproquement de la vue des charmants pavillons; mais ils se consolaient par l'idée d'avoir fait tort chacun à son voisin.

Cet état de choses régnait déjà depuis quelques années : les orties et les mauvaises herbes avaient envahi les sentiers qui conduisaient d'une maison à l'autre. Les branches d'arbustes épineux s'entre-croisaient, comme si elles eussent voulu intercepter toute communication; on eût dit que les plantes comprenaient les dissensions qui divisaient les deux anciens amis, et y prenaient part en tâchant de les séparer encore davantage.

Pendant ce temps, les femmes de Tou et de Kouan avaient chacune donné le jour à un enfant. M°™ Tou était mère d'une charmante fille, et Mme Kouan, d'un garçon le plus joli du monde. Cet heureux événement, qui avait mis la joie dans les deux maisons, était ignoré de part et d'autre; car, bien que leurs propriétés se touchassent, les deux Chinois vivaient aussi étrangers l'un à l'autre que s'ils eussent été séparés par le fleuve Jaune ou la grande muraille; les connaissances communes évitaient toute allusion à la maison voisine, et les serviteurs, s'ils se rencontraient par hasard, avaient ordre de ne se point parler sous peine du fouet et de la *cangue*.

Le garçon s'appelait Tchin-Sing,

et la fille, Ju-Kiouan, c'est-à-dire, la perle et le jaspe; leur parfaite beauté justifiait le choix de ces noms. Dès qu'ils furent un peu grandelets, la muraille, qui coupait l'étang en deux et bornait désagréablement la vue de ce côté, attira leur attention, et ils demandèrent à leurs parents ce qu'il y avait derrière cette clôture si singulièrement posée au milieu d'une pièce d'eau, et à qui appartenaient les grands arbres dont on apercevait la cime.

On leur répondait que c'était l'habitation de gens bizarres, quinteux, revêches et de tout point insociables, et que cette clôture avait été faite pour se défendre du contact de si méchants voisins.

Cette explication avait suffi à ces enfants, ils s'étaient accoutumés à la muraille et n'y prenaient plus garde.

Ju-Kiouan croissait en grâces et en perfections; elle était habile à tous les travaux de son sexe, elle maniait l'aiguille avec une adresse incomparable.

Les papillons qu'elle brodait sur le satin semblaient vivre et battre des ailes, vous eussiez juré entendre le chant des oiseaux qu'elle fixait au canevas; plus d'un nez abusé se colla sur ses tapisseries pour respirer le parfum des fleurs qu'elle y semait. Les talents de Ju-Kiouan ne se bornaient pas là, elle savait par cœur le livre des Odes et les cinq règles de conduite ; jamais main plus légère ne jeta sur le papier de soie des caractères plus hardis et plus nets. Les dragons ne sont pas plus rapides dans leur vol, que son poignet lorsqu'il fait pleuvoir la pluie noire du pinceau. Elle connaissait tous les modes de poésies, le *Tardif*, le *Hâté*, l'*Elevé* et le *Rentrant*, et composait des pièces pleines de mérite sur les sujets qui doivent naturellement frapper une jeune fille, sur le retour des hirondelles, les saules printaniers, les reines-marguerites et autres objets analogues. Plus d'un lettré qui se croit digne d'enfourcher le cheval d'or n'eût pas improvisé avec autant de facilité.

Tchin-Sing n'avait pas moins profité de ses études, son nom se trouvait être des premiers sur la liste des examens. Quoiqu'il fût bien jeune, il eût pu se coiffer du bonnet noir, et déjà toutes les mères pensaient qu'un garçon si avancé dans les sciences ferait un excellent gendre et parviendrait bientôt aux plus hautes dignités littéraires; mais Tchin-Sing répondait d'un air enjoué aux négociateurs qu'on lui envoyait, qu'il était trop tôt, et qu'il désirait jouir encore quelque temps de sa liberté. Il refusa successivement Hongiu, Lo Mengli, Oma, Pofo et autres jeunes personnes fort distinguées. Jamais, sans excepter le beau Fangan, dont les dames remplissaient la voiture d'oranges et de sucreries, lorsqu'il revenait de tirer de l'arc, jeune homme ne fut plus choyé et ne reçut plus d'avance; mais son cœur paraissait insensible à l'amour, non par froideur, car à mille détails on pouvait deviner que Tchin-Sing avait l'âme tendre ; on eût dit qu'il se souvenait d'une image connue dans une existence antérieure, et qu'il espérait retrouver dans celle-ci.

On avait beau lui vanter les sourcils de feuille de saule, les pieds imperceptibles, et la taille de libellule des beautés qu'on lui proposait, il écoutait d'un air distrait et comme pensant à tout autre chose.

De son côté Ju-Kiouan ne se montrait pas moins difficile, elle éconduisait tous les prétendants. Celui-ci saluait sans grâce, celui-là n'était pas soigneux sur ses habits; l'un avait une écriture lourde et commune, l'autre ne savait pas le livre des vers, ou s'était trompé sur la rime; bref, ils avaient tous un défaut quelconque. Ju-Kiouan en traçait des portraits si comiques, que ses parents finissaient par en rire eux-mêmes, et mettaient à la porte, le plus poliment du monde, le pauvre aspirant qui croyait déjà poser le pied sur le seuil du pavillon oriental.

A la fin, les parents des deux enfants s'alarmèrent de leur persistance à repousser tous les partis qu'on leur présentait. Mme Tou et Mme Kouan, préoccupées sans doute de ces idées de mariage, continuaient dans leurs rêves de nuit leurs pensées de jour. — Un des songes qu'elles firent les frappa particulièrement. Mme Kouan rêva qu'elle voyait sur la poitrine de son fils Tchin-Sing, une pierre de jaspe si merveilleusement polie, qu'elle jetait des rayons comme une escarboucle; de son côté, Mme Tou rêva que sa fille portait au cou une perle du plus bel orient et d'une valeur inestimable. Quelle signification pouvaient avoir ces deux songes? celui de Mme Kouan présageait-il à Tchin-Sing les honneurs de l'Académie impériale, et celui de Mme Tou voulait-il dire que Ju-Kiouan trouverait quelque trésor enfoui dans le jardin ou sous une brique de l'âtre. Une telle explication n'avait rien de déraisonnable, et plus d'un s'en fût contenté; mais les bonnes dames virent dans ce songe des allusions à des mariages extrêmement avantageux que devaient bientôt conclure leurs enfants. Malheureusement Tchin-Sing et Ju-Kiouan persistaient plus que jamais dans leur résolution, et démentaient la prophétie.

Kouan et Tou, quoiqu'ils n'eussent rien rêvé, s'étonnaient d'une pareille opiniâtreté, le mariage étant d'ordinaire une cérémonie pour laquelle les jeunes gens ne montrent pas une aversion si soutenue; ils s'imaginèrent que cette résistance venait peut-être d'une inclination préconçue; mais Tchin-Sing ne faisait la cour à aucune jeune fille, et nul jeune homme ne se promenait le long des treillis de Ju-Kiouan. Quelques jours d'observation suffirent pour en convaincre les deux familles. Mme Tou et Mme Kouan crurent plus que jamais aux grandes destinées présagées par le rêve.

Les deux femmes allèrent, chacune de son côté, consulter le bonze du temple de Fô, un bel édifice aux toits découpés, aux fenêtres rondes, tout reluisant d'or et de vernis, plaqué de tablettes votives, orné de mâts d'où flottent des bannières de soie historiées de chimères et de dragons, ombragé d'arbres millenaires et d'une grosseur monstrueuse. Après avoir brûlé du papier doré et des parfums devant l'idole, le bonze répondit à

Mme Tou qu'il fallait le jaspe à la perle, et à Mme Kouan qu'il fallait la perle au jaspe ; que leur union seule pourrait terminer toutes les difficultés. Peu satisfaites de cette réponse ambiguë, les deux femmes revinrent chez elles, sans s'être vues au temple, par un chemin différent ; leur perplexité était encore plus grande qu'auparavant.

Or, il arriva qu'un jour Ju-Kiouan était accoudé à la balustrade du pavillon champêtre, précisément à l'heure où Tchin-Sing en faisait autant de son côté.

Le temps était beau, aucun nuage ne voilait le ciel; il ne faisait pas assez de vent pour agiter une feuille de tremble, pas une ride ne moirait la surface de l'étang plus uni qu'un miroir. A peine si, dans ses jeux, quelque carpe faisant la cabriole, venait y tracer un cercle bientôt évanoui; les arbres de la rive s'y réfléchissaient si exactement que l'on hésitait entre l'image et la réalité; on eût dit une forêt plantée la tête en bas, et soudant ses racines aux racines d'une forêt identique; un bois qui se serait noyé pour un chagrin d'amour; les poissons avaient l'air de nager dans le feuillage, et les oiseaux de voler dans l'eau. Ju-Kiouan s'amusait à considérer cette transparence merveilleuse, lorsque jetant les yeux sur la portion de l'étang qui avoisinait le mur de séparation, elle aperçut le reflet du pavillon opposé qui s'étendait jusque-là en glissant par-dessous l'arche.

Elle n'avait jamais fait attention à ce jeu d'optique, qui la surprit et l'intéressa. Elle distinguait les piliers rouges, les frises découpées, les pots de reines-marguerites, les girouettes dorées, et si la réfraction ne les eût renversées, elle aurait lu les sentences inscrites sur les tablettes. Mais ce qui l'étonna au plus haut degré, ce fut de voir penchée sur la rampe du balcon, dans une position pareille à la sienne, une figure qui lui ressemblait d'une telle façon, que si elle ne fût pas venue de l'autre côté du bassin, elle l'eût prise pour elle-même : c'était l'ombre de Tchin-Sing, et si l'on trouve étrange qu'un garçon puisse être pris pour une demoiselle, nous répondrons que Tchin-Sing, à cause de la chaleur, avait ôté son bonnet de licencié, qu'il était extrêmement jeune et n'avait pas encore de barbe; ses traits délicats, son teint uni et ses yeux brillants pouvaient facilement prêter à l'illusion, qui, du reste, ne dura guère. Ju-Kiouan, aux mouvements de son cœur, reconnut bien vite que ce n'était point une jeune fille dont l'eau répétait l'image.

Jusque-là, elle avait cru que la terre ne renfermait pas l'être créé pour elle, et bien souvent elle avait souhaité d'avoir à sa disposition un des chevaux de Fargana, qui font mille lieues par jour, pour le chercher dans les espaces imaginaires. Elle s'imaginait qu'elle était dépareillée en ce monde, et qu'elle ne connaîtrait jamais la douceur de l'union des sarcelles. Jamais, se disait-elle, je ne consacrerai la lentille d'eau et l'alisma sur l'autel des ancêtres, et j'entrerai seule parmi les mûriers et les ormes.

En voyant cette ombre dans l'eau, elle comprit que sa beauté avait une sœur ou plutôt un frère. Loin d'en être fâchée, elle se trouva tout heureuse; l'orgueil de se croire unique céda bien vite à l'amour, car dès cet instant, le cœur de Ju-Kiouan fut lié à jamais; un seul coup d'œil échangé, non pas même directement, mais par simple réflexion, suffit pour cela. Qu'on n'accuse pas là-dessus Ju-Kiouan de frivolité; devenir amoureuse d'un jeune homme sur son reflet…, n'est-ce pas une folie? Mais à moins d'une longue fréquentation qui permette d'étudier les caractères, que voit-on de plus dans les hommes? un aspect purement extérieur, pareil à celui donné par un miroir; et n'est-ce pas le propre des jeunes filles de juger de l'âme d'un futur mari par l'émail de ses dents et la coupe de ses ongles?

Tchin-Sing avait aussi aperçu cette beauté merveilleuse : Est-ce un songe que je fais tout éveillé, s'écria-t-il? Cette charmante figure qui scintille sous le cristal de l'eau doit être formée des rayons argentés de la lune par une nuit de printemps et du plus subtil arome des fleurs; quoique je ne l'aie jamais vue, je la reconnais, c'est bien elle dont l'image est gravée dans mon âme, la belle inconnue à qui j'adresse mes distiques et mes quatrains.

Tchin-Sing en était là de son monologue, lorsqu'il entendit la voix de son père qui l'appelait.

— Mon fils, lui dit-il, c'est un parti très-riche et très-convenable que l'on te propose par l'organe de Wang, mon ami. C'est une fille qui a du sang impérial dans les veines, dont la beauté est célèbre, et qui possède toutes les qualités propres à rendre un mari heureux.

Tchin-Sing, tout préoccupé de l'aventure du pavillon, et brûlant d'amour pour l'image entrevue dans l'eau, refusa nettement. Son père, outré de colère, s'emporta et lui fit les menaces les plus violentes.

— Mauvais sujet, s'écriait le vieillard, si tu persistes dans ton entêtement, je prierai le magistrat qu'il te fasse enfermer dans cette forteresse occupée par les barbares d'Europe, d'où l'on ne découvre que des roches battues par la mer, des montagnes coiffées de nuages, et des eaux noires sillonnées par ces monstrueuses inventions des mauvais génies, qui marchent avec des roues et vomissent une fumée fétide. Là, tu auras le temps de réfléchir et de t'amender.

Ces menaces n'effrayèrent pas beaucoup Tchin-Sing qui répondit qu'il accepterait la première épouse qu'on lui présenterait, pourvu que ce ne fut pas celle-là.

Le lendemain, à la même heure, il se rendit au pavillon champêtre, et, comme la veille, se pencha en dehors de la balustrade.

Au bout de quelques minutes, il vit s'allonger sur l'eau le reflet de Ju-Kiouan comme un bouquet de fleurs submergées.

Le jeune homme posa la main sur son cœur, mit des baisers au bout de ses doigts et les envoya au reflet avec un geste plein de grâce et de passion.

Un sourire joyeux s'épanouit

comme un bouton de grenade dans la transparence de l'eau et prouva à Tchin-Sing qu'il n'était pas désagréable à la belle inconnue ; mais comme on ne peut pas avoir de bien longues conversations avec un reflet dont on ne peut voir le corps, il fit signe qu'il allait écrire, et rentra dans l'intérieur du pavillon. Au bout de quelques instants il sortit tenant un carré de papier argenté et coloré, sur lequel il avait improvisé une déclaration d'amour en vers de sept syllabes. Il roula sa pièce de vers, l'enferma dans le calice d'une fleur et enveloppa le tout d'une large feuille de nénuphar qu'il posa délicatement sur l'eau.

Une légère brise, qui s'éleva fort à propos, poussa la déclaration vers une des baies de la muraille, de sorte que Ju-Kiouan n'eut qu'à se baisser pour la recueillir. De peur d'être surprise, elle se retira dans la plus reculée de ses chambres, et lut avec un plaisir infini les expressions d'amour et les métaphores dont Tchin-Sing s'était servi; outre la joie de se savoir aimée, elle éprouvait la satisfaction de l'être par un homme de mérite, car la beauté de l'écriture, le choix des mots, l'exactitude des rimes, l'éclat des images prouvaient une éducation brillante : ce qui la frappa surtout, c'était le nom de Tchin-Sing. Elle avait trop souvent entendu sa mère parler du rêve de la perle, pour n'être pas frappée de cette coïncidence ; aussi ne douta-t-elle pas un instant que Tchin-Sing ne fût l'époux que le Ciel lui destinait.

Le jour suivant, comme la brise avait changé, Ju-Kiouan envoya par le même moyen, vers le pavillon opposé, une réponse en vers, où, malgré toute la modestie naturelle à une jeune fille, il était facile de voir qu'elle partageait l'amour de Tchin-Sing.

En lisant la signature du billet,

Tchin-Sing ne put retenir une exclamation de surprise : « Le Jaspe ! » N'est-ce pas la pierre précieuse que ma mère voyait en songe étinceler sur ma poitrine comme une escarboucle!... Décidément il faut que je me présente dans cette maison ; car c'est là qu'habite l'épouse prophétisée par les esprits nocturnes. — Comme il allait sortir, il se souvint des dissensions qui divisaient les deux propriétaires, et des prohibitions inscrites sur la tablette ; et, ne sachant quel parti prendre, il conta toute l'histoire à Mme Kouan ; Ju-Kiouan, de son côté, avait tout dit à Mme Tou. Ces noms de perle et de jaspe parurent décisifs aux deux matrones, qui retournèrent au temple de Fô consulter le bonze.

Le bonze répondit que telle était, en effet, la signification du rêve, et que ne pas s'y conformer serait encourir la colère céleste. Touché des instances des deux mères, et aussi par quelques légers présents qu'elles lui firent, il se chargea des démarches auprès de Tou et de Kouan, et les entortilla si bien, qu'ils ne purent se dédire lorsqu'il découvrit la vraie origine des époux. En se revoyant après un si long temps, les deux anciens amis s'étonnèrent d'avoir pu se séparer pour des causes si frivoles, et sentirent combien ils s'étaient privés l'un et l'autre. Les noces se firent ; la perle et le jaspe purent enfin se parler autrement que par l'intermédiaire d'un reflet. — En furent-ils plus heureux, c'est ce que nous n'oserions affirmer ; car le bonheur n'est souvent qu'une ombre dans l'eau.

DEUX ACTEURS
POUR UN ROLE.

DEUX ACTEURS POUR UN ROLE.

Chapitre premier.

Un Rendez-vous au Jardin Impérial.

L'on touchait aux derniers jours de novembre : le Jardin impérial de Vienne était désert, une bise aiguë faisait tourbillonner les feuilles couleur de safran et grillées par les premiers froids ; les rosiers des parterres, tourmentés et rompus par le vent, laissaient traîner les branchages dans la boue. Cependant la grande allée, grâce au sable qui la recouvre, était sèche et praticable. Quoique dévasté par les approches de l'hiver, le Jardin impérial ne manquait pas d'un certain charme mélancolique. La longue allée prolongeait fort loin ses arcades rousses, laissant deviner confusément à son extrémité un horizon de collines déjà noyées dans les vapeurs bleuâtres et le brouillard du soir ; au-delà, la vue s'étendait sur le Prater et le Danube : c'était une promenade faite à souhait pour un poète.

Un jeune homme arpentait cette allée avec des signes visibles d'impatience ; son costume, d'une élégance un peu théâtrale, consistait en une redingote de velours noir à brandebourgs d'or brodée de fourrures, un pantalon de tricot gris, des bottes molles à glands montant jusqu'à mi-jambes. Il pouvait avoir de vingt-sept à vingt-huit ans ; ses traits pâles et réguliers étaient pleins de finesse, et l'ironie se blottissait dans les plis de ses yeux et les coins de sa bouche ; à l'Université, dont il paraissait récemment sortir, car il portait encore la casquette à feuilles de chêne des étudiants, il devait avoir donné beaucoup de fil à retordre aux Philistins et brillé au premier rang des Burschen et des Renards.

Le très-court espace dans lequel il circonscrivait sa promenade montrait qu'il attendait quelqu'un ou plutôt quelqu'une, car le Jardin impérial de Vienne, au mois de novembre, n'est guère propice aux rendez-vous d'affaires.

En effet une jeune fille ne tarda pas à paraître au bout de l'allée : une coiffe de soie noire couvrait ses riches cheveux blonds, dont l'humidité du soir avait légèrement défrisé les longues boucles; son teint, ordinairement d'une blancheur de cire vierge, avait pris sous les morsures du froid des nuances de roses de Bengale. Groupée et pelotonnée comme elle était dans sa mante garnie de martre, elle ressemblait à ravir à la statuette de *la Frileuse;* un barbet noir l'accompagnait, chaperon commode, sur l'indulgence et la discrétion duquel l'on pouvait compter.

— Figurez-vous, Henrich, dit la jolie Viennoise en prenant le bras du jeune homme, qu'il y a plus d'une heure que je suis habillée et prête à sortir, et ma tante n'en finissait pas avec ses sermons sur les dangers de la valse, et les recettes pour les gâteaux de Noël et les carpes au bleu. Je suis sortie sous le prétexte d'acheter des brodequins gris dont je n'ai nul besoin : c'est pourtant pour vous, Henrich, que je fais tous ces petits mensonges dont je me repens et que je recommence toujours; aussi quelle idée avez-vous eue de vous livrer au théâtre; c'était bien la peine d'étudier si longtemps la théologie à Heidelberg. Mes parents vous aimaient et nous serions mariés aujourd'hui. Au lieu de nous voir à la dérobée sous les arbres chauves du Jardin impérial, nous serions assis côte à côte près d'un beau poêle de Saxe, dans un parloir bien clos, causant de l'avenir de nos enfants : ne serait-ce pas, Henrich, un sort bien heureux ?

—Oui, Katy, bien heureux, répondit le jeune homme en pressant sous le satin et les fourrures le bras potelé de la jolie Viennoise; mais que veux-tu ? c'est un ascendant invincible, le théâtre m'attire ; j'en rêve le jour, j'y pense la nuit; je sens le désir de vivre dans la création des poètes, il me semble que j'ai vingt existences. Chaque rôle que je joue me fait une vie nouvelle; toutes ces passions que j'exprime, je les éprouve; je suis Hamlet, Othello, Charles, Moor : quand on est tout cela, on ne peut que difficilement se résigner à l'humble condition de pasteur de village.

—C'est fort beau; mais vous savez bien que mes parents ne voudront jamais d'un comédien pour gendre.

—Non, certes, d'un comédien obscur, pauvre artiste ambulant, jouet des directeurs et du public, mais d'un grand comédien couvert de gloire et d'applaudissements, plus payé qu'un ministre; si difficiles qu'ils soient, ils en voudront bien quand je viendrai vous demander dans une belle calèche jaune dont le vernis pourra servir de miroir aux voisins étonnés et qu'un grand laquais galonné m'abattra le marche-pied ; croyez-vous, Katy, qu'ils me refuseront?

— Je ne le crois pas. Mais qui vous l'a dit, Henrich, que vous en arriverez jamais là? Vous avez du talent; mais le talent ne suffit pas, il faut encore beaucoup de bonheur : quand vous serez ce grand comédien dont vous parlez, le plus beau temps de notre jeunesse sera passé, et alors voudrez-vous toujours épouser la vieille Katy, ayant à votre disposition les amours de toutes ces princesses de théâtre si joyeuses et si parées?

—Cet avenir, répondit Henrich est plus prochain que vous ne croyez;

j'ai un engagement avantageux au théâtre de la Porte de Carinthie, et le directeur a été si content de la manière dont je me suis acquitté de mon dernier rôle qu'il m'a accordé une gratification de 2,000 thalers.

— Oui, reprit la jeune fille d'un air sérieux, ce rôle de démon dans la pièce nouvelle; je vous avoue, Henrich, que je n'aime pas voir un chrétien prendre le masque de l'ennemi du genre humain et prononcer des paroles blasphématoires. L'autre jour j'allais vous voir au théâtre de Carinthie, et à chaque instant je craignais qu'un véritable feu d'enfer ne sortît des trappes où vous vous engloutissiez dans un tourbillon d'esprit-de-vin. Je suis revenue chez moi toute troublée et j'ai fait des rêves affreux.

— Chimères que tout cela, ma bonne Katy ; et d'ailleurs, c'est demain la dernière représentation, et je ne mettrai plus le costume noir et rouge qui te déplaît tant.

—Tant mieux ! car je ne sais quelles vagues inquiétudes me travaillent l'esprit, et j'ai bien peur que ce rôle, profitable à votre gloire, ne le soit pas à votre salut ; j'ai peur aussi que vous ne preniez de mauvaises mœurs avec ces damnés comédiens : je suis sûre que vous ne dites plus vos prières, et la petite croix que je vous avais donnée, je parierais que vous l'avez perdue.

Henrich se justifia en écartant les revers de son habit; la petite croix brillait toujours sur sa poitrine.

Tout en devisant ainsi, les deux amants étaient parvenus à la rue du Thabor dans la Léopold-Stadt, devant la boutique du cordonnier renommé pour la perfection de ses brodequins gris : après avoir causé quelques instants sur le seuil, Katy entra suivie de son barbet noir, non sans avoir livré ses jolis doigts effilés au serrement de main d'Henrich.

Henrich tâcha de saisir encore quelques aspects de sa maîtresse, à travers les souliers mignons et les gentils brodequins symétriquement rangés sur les tringles de cuivre de la devanture; mais le brouillard avait étamé les carreaux de sa moite haleine, et il ne put démêler qu'une silhouette confuse; alors, prenant une héroïque résolution, il pirouetta sur ses talons et s'en fut d'un pas délibéré au gastoffe de l'*Aigle à deux têtes.*

Chapitre Deuxième.

Le Gastoffe de l'Aigle à deux têtes.

Il y avait ce soir-là compagnie nombreuse au gastoffe de l'*Aigle à deux têtes*; la société était la plus mélangée du monde, et le caprice de Callot et de Goya réunis n'aurait pu produire un plus bizarre amalgame de types caractéristiques. L'*Aigle à deux têtes* était une de ces bienheureuses caves célébrées par Hoffmann, dont les marches sont si usées, si onctueuses et si glissantes, qu'on ne peut poser le pied sur la première sans se trouver tout de suite au fond, les coudes sur la table, la pipe à la bouche, entre un pot de bière et une mesure de vin nouveau.

A travers l'épais nuage de fumée qui vous prenait d'abord à la gorge et aux yeux, se dessinaient, au bout de quelques minutes, toutes sortes de figures étranges.

C'étaient des Valaques avec leurs caftans et leurs bonnets de peau d'Astracan, des Serbes, des Hongrois aux longues moustaches noires, caparaçonnés de dolmans et de passementeries, des

Bohêmes au teint cuivré, au front étroit, au profil busqué. D'honnêtes Allemands en redingotes à brandebourgs, des Tartars aux yeux retroussés à la chinoise, toutes les populations imaginables : l'Orient y était représenté par un gros Turc accroupi dans un coin, qui fumait paisiblement du latakié dans une pipe à tuyau de cerisier de Moldavie, avec un fourneau de terre rouge et un bout d'ambre jaune.

Tout ce monde, accoudé à des tables, mangeait et buvait : la boisson se composait de bière forte et d'un mélange de vin rouge nouveau avec du vin blanc plus ancien ; la nourriture, de tranches de veau froid, de jambon ou de pâtisseries.

Autour des tables tourbillonnait sans repos une de ces longues valses allemandes qui produisent sur les imaginations septentrionales le même effet que le hatschitt et l'opium sur les Orientaux; les couples passaient et repassaient avec rapidité; les femmes, presque évanouies de plaisir sur les bras de leurs danseurs au bruit d'une valse de Lanner, balayaient de leurs jupes les nuages de fumée de pipe et rafraîchissaient le visage des buveurs. Au comptoir, des improvisateurs morlaques, accompagnés d'un joueur de guzla, récitaient une espèce de complainte dramatique qui paraissait divertir beaucoup une douzaine de figures étranges, coiffées de tarbouchs et vêtues de peaux de moutons.

Henrich se dirigea vers le fond de la cave et fut prendre place à une table où étaient déjà assis trois ou quatre personnages de joyeuse mine et de belle humeur.

—Tiens, c'est Henrich, s'écria le plus âgé de la bande ; prenez garde à vous, mes amis : *fœnum habet in cornu.* Sais-tu que tu avais vraiment l'air diabolique l'autre soir : tu me faisais presque peur ; et comment s'imaginer qu'Henrich, qui boit de la bière comme nous et ne recule pas devant une tranche de jambon froid, vous prenne des airs si venimeux, si méchants et si sardoniques, et qu'il lui suffise d'un geste pour faire courir le frisson dans toute la salle.

— Eh! pardieu! c'est pour cela qu'Henrich est un grand artiste, un sublime comédien. Il n'y a pas de gloire à représenter un rôle qui serait dans votre caractère; le triomphe, pour une coquette, est de jouer supérieurement les ingénues.

Henrich s'assit modestement, se fit servir un grand verre de vin mélangé, et la conversation continua sur le même sujet. Ce n'était de toutes parts qu'admiration et compliments.

— Ah! si le grand Wolfgang de Goëthe t'avait vu! disait l'un.

— Montre-nous tes pieds, disait l'autre, je suis sûr que tu as l'ergot fourchu.

Les autres buveurs, attirés par ces exclamations, regardaient sérieusement Henrich, tout heureux d'avoir l'occasion d'examiner de près un homme si remarquable. Les jeunes gens qui avaient autrefois connu Henrich à l'Université, et dont ils savaient à peine le nom, s'approchaient de lui en lui serrant la main cordialement, comme s'ils eussent été ses intimes amis. Les plus jolies valseuses lui décochaient en passant le plus tendre regard de leurs yeux bleus et veloutés.

Seul, un homme assis à la table voisine ne paraissait pas prendre part à l'enthousiasme général ; la tête renversée en arrière, il tambourinait distraitement avec ses doigts, sur le fond de son chapeau, une marche militaire, et de temps en temps il poussait une espèce de *humph!* singulièrement dubitatif.

L'aspect de cet homme était des plus bizarres, quoiqu'il fût mis comme un honnête bourgeois de Vienne, jouissant d'une fortune raisonnable ; ses yeux gris se nuançaient de teintes vertes et lançaient des lueurs phosphoriques comme celles des chats. Quand ses lèvres pâles et plates se desserraient, elles laissaient voir deux rangées de dents très-blanches, très-aiguës et très-séparées, de l'aspect le plus cannibale et le plus féroce; ses ongles longs, luisants et recourbés, prenaient de vagues apparences de griffes; mais cette physionomie n'apparaissait que par éclairs rapides; sous l'œil qui le regardait fixement, sa figure reprenait bien vite l'apparence bourgeoise et débonnaire d'un marchand viennois retiré du commerce, et l'on s'étonnait d'avoir pu soupçonner de scélératesse et de diablerie une face si vulgaire et si triviale.

Intérieurement Henrich était choqué de la nonchalance de cet homme; ce silence si dédaigneux ôtait de leur valeur aux éloges dont ses bruyants compagnons l'accablait. Ce silence était celui d'un vieux connaisseur exercé, qui ne se laisse pas prendre aux apparences et qui a vu mieux que cela dans son temps.

Atmayer, le plus jeune de la troupe, le plus chaud enthousiaste d'Henrich, ne put supporter cette mine froide, et s'adressant à l'homme singulier, comme le prenant à témoin d'une assertion qu'il avançait :

— N'est-ce pas, monsieur, qu'aucun acteur n'a mieux joué le rôle de Méphistophélès que mon camarade que voilà ?

— Humph ! dit l'inconnu en faisant miroiter ses prunelles glauques et craquer ses dents aiguës, M. Henrich est un garçon de talent et que j'estime fort ; mais pour jouer le rôle du diable, il lui manque encore bien des choses.

Et se dressant tout-à-coup :

— Avez-vous jamais vu le diable, monsieur Henrich ?

Il fit cette question d'un ton si bizarre et si moqueur que, tous les assistans se sentirent passer un frisson dans le dos.

— Cela serait pourtant bien nécessaire pour la vérité de votre jeu; l'autre soir j'étais au théâtre de la Porte de Carinthie, et je n'ai pas été satisfait de votre rire; c'était un rire d'espiègle, tout au plus : voici comme il faudrait rire, mon cher petit monsieur Henrich.

Et là-dessus, comme pour lui donner l'exemple, il lâcha un éclat de rire si aigu, si strident, si sardonique, que l'orchestre et les valses s'arrêtèrent à l'instant même; les vitres du gastoffe tremblèrent. L'inconnu continua pendant quelques minutes ce rire impitoyable et convulsif qu'Henrich et ses compagnons, malgré leur frayeur, ne pouvaient s'empêcher d'imiter.

Quand Henrich reprit haleine, les voûtes du gastoffe repétaient, comme un écho affaibli, les dernières notes de ce ricanement grêle et terrible, et l'inconnu n'était plus là.

Chapitre Troisième.

Le Théâtre de la Porte de Carinthie.

Quelques jours après cet incident bizarre, qu'il avait déjà presque oublié et dont il ne se souvenait plus que comme de la plaisanterie d'un bourgeois ironique, Henrich jouait son rôle de démon dans la pièce nouvelle.

Sur la première banquette de l'orchestre était assis l'inconnu du gastoffe, et à chaque mot prononcé par Henrich, il hochait la tête, clignait les yeux, faisait claquer sa langue contre son palais et donnait les signes de la plus vive impatience : « Mauvais ! mauvais ! » murmurait-il à demi-voix.

Ses voisins, étonnés et choqués de ses manières, applaudissaient et disaient :

— Voilà un monsieur bien difficile !

A la fin du premier acte, l'inconnu se leva, comme ayant pris une résolution subite, enjamba les timballes, la grosse caisse et le tamtam, et disparut par la petite porte qui conduit de l'orchestre au théâtre.

Henrich, en attendant le lever du rideau, se promenait dans l'espace, et, arrivé au bout de sa courte promenade, quelle fut sa terreur de voir, en se retournant, debout au milieu de l'étroit corridor, un personnage mystérieux, vêtu exactement comme lui, et qui le regardait avec des yeux dont la transparence verdâtre avait dans l'obscurité une profondeur inouïe; des dents aiguës, blanches, séparées, donnaient quelque chose de féroce à son sourire sardonique.

Henrich ne put méconnaître l'inconnu du gastoffe de l'*Aigle à deux têtes*, ou plutôt le diable en personne; car c'était lui.

— Ha! ha! mon petit monsieur, vous voulez jouer le rôle du diable! Vous avez été bien médiocre dans le premier acte, et vous donneriez vraiment une trop mauvaise opinion de moi aux braves habitants de Vienne. Vous me permettrez de vous remplacer ce soir, et, comme vous me gêneriez, je vais vous envoyer au second dessous.

Henrich venait de reconnaître l'ange des ténèbres et se sentit perdu; portant machinalement la main à la petite croix de Katy, qui ne le quittait jamais, il essaya d'appeler au secours et de murmurer sa formule d'exorcisme; mais la terreur lui serrait trop violemment la gorge : il ne put pousser qu'un faible râle. Le diable appuya ses mains griffues sur les épaules d'Henrich et le fit plonger de force dans le plancher; puis il entra en scène, sa réplique étant venue, comme un comédien consommé.

Ce jeu incisif, mordant, venimeux et vraiment diabolique, surprit d'abord les auditeurs.

— Comme Henrich est en verve aujourd'hui ! s'écriait-on de toutes parts.

Ce qui produisait surtout un grand effet, c'était ce ricanement aigre comme le grincement d'une scie, ce rire de damné blasphémant es joies du Paradis. Jamais acteur n'était arrivé à une telle puissance de sarcasme, à une telle profondeur de scélératesse : on riait et on tremblait. Toute la salle haletait d'émotion, des étincelles phosphoriques jaillissaient sous les doigts du redoutable acteur; des traînées de flammes étincelaient à ses pieds; les lumières du lustre pâlissaient, la rampe jetait des éclairs rougeâtres et verdâtres; je ne sais quelle odeur sulfureuse régnait dans la salle ; les spectateurs étaient comme en délire, et des tonnerres d'applaudissements frénétiques ponctuaient chaque phrase du merveilleux Méphistophélès, qui souvent substituait des vers de son invention à ceux du poète, substitution toujours heureuse et acceptée avec transport.

Katy, à qui Henrich avait envoyé un coupon de loge, était dans une inquiétude extraordinaire; elle ne reconnaissait pas son cher Henrich; elle pressentait vaguement quelque malheur avec cet esprit de devination que donne l'amour, cette seconde vue de l'âme.

La représentation s'acheva dans des transports inimaginables. Le rideau baissé, le public demanda à grands cris que Méphistophélès reparût. On le chercha vainement ; mais un garçon de théâtre vint dire au directeur qu'on avait trouvé dans le second dessous M. Henrich, qui sans doute était tombé par une trappe. Henrich était sans connaissance : on l'emporta chez lui, et, en le déshabillant, l'on vit avec surprise qu'il avait aux épaules de profondes égratignures, comme si un tigre eût essayé de l'étouffer entre ses pattes. La petite croix d'argent de Katy l'avait préservé de la mort, et le diable, vaincu par cette influence, s'était contenté de le précipiter dans les caves du théâtre.

La convalescence d'Henrich fut longue : dès qu'il se portât mieux, le directeur vint lui proposer un engagement des plus avantageux, mais Henrich le refusa; car il ne se souciait nullement de risquer son salut une seconde fois, et savait d'ailleurs qu'il ne pourrait jamais égaler sa redoutable doublure.

Au bout de deux ou trois ans, ayant fait un petit héritage, il épousa la belle Katy, et tous deux, assis côte à côte près d'un poêle de Saxe, dans un parloir bien clos, ils causent de l'avenir de leurs enfants.

Les amateurs de théâtre parlent encore avec admiration de cette merveilleuse soirée, et s'étonnent du caprice d'Henrich, qui a renoncé à la scène après un si grand triomphe.

L'OREILLER

D'UNE JEUNE FILLE.

L'OREILLER D'UNE JEUNE FILLE.

Ninette était la plus charmante petite fille du monde. Elle surpassait en beauté, en transparence, ces délicieux enfants anglais des peintures de Joshua Reynolds et de sir Thomas Lawrence, dont la chair semble faite avec des roses pétries dans du lait; si elle n'avait eu un joli tablier noir découpé à dents de loup, on l'eût prise pour un chérubin, mais on sait que les chérubins ne portent pas de tabliers noirs. Ses beaux yeux limpides, naïvement étonnés, abritaient, sous des franges de cils, un ciel plus azuré que l'autre, car il n'y passait jamais de nuage. Vous dire que sa mère en était folle, c'est chose inutile : une mère trouverait Quasimodo supportable, et Ninette, c'était Esméralda blonde, et qui n'avait pas été élevée chez les truands.

Cette jolie tête renfermait un charmant esprit, esprit de sept ans, bien entendu, et cette douce petite poitrine blanche un bon petit cœur palpitant au récit des belles actions, et s'attendrissant aux malheurs vrais ou imaginaires ; car si Ninette aimait bien les poupées, elle aimait encore plus les histoires, et surtout les contes de fées, qui sont peut-être les seules histoires vraies.

Ce qui la frappait surtout, c'étaient ces beaux contes où l'on voit des fées accourir pour douer une princesse nouvellement née ; les unes dans une noix traînée par des scarabées verts, les autres dans un carrosse d'écorce de potiron attelé de rats harnachés en toile d'araignée ; celle-ci en aérostat dans une bulle d'eau savonneuse avec une barbe de chardon pour nacelle, celle-là à cheval sur un rayon de clair de lune soigneusement fourbi. Ninette regrettait fort ce temps-là, et se demandait pourquoi les bonnes fées ne s'empressaient plus autour du berceau des petites filles, comme si elle n'eût pas été aussi richement douée que toutes les princesses des contes de Perrault et de Mme d'Aulnoy; mais Ninette était modeste, et ne savait pas que les fées n'auraient pas un grand cadeau à lui faire.

Un jour Ninette, assise à côté de sa maman, sur un coussin de tapisserie brodé par elle-même, feuilletait un livre plein de ces histoires favorites; bientôt elle poussa un soupir comme une colombe étouffée, et jeta le volume avec un geste d'humeur et d'impatience.

— Oh! que je voudrais, moi aussi, avoir quelque talisman merveilleux comme le miroir magique ou la bague du prince Chéri, qui m'avertisse quand je fais bien ou mal; de cette façon, je serais toujours gentille, et maman ne me gronderait jamais.

Il y avait ce jour-là, chez la mère de Ninette, une dame jeune encore, mais étrangère, et, quoique parfaitement belle, d'un aspect assez bizarre. Sa figure pâle, d'un ovale un peu long, était éclairée par deux yeux d'une fixité insupportable. D'étroits sourcils d'un noir bleuâtre, qui se rejoignaient presque, donnaient à sa physionomie quelque chose d'inquiétant et qui aurait été dur sans le demi-sourire qui jouait mélancoliquement sur ses lèvres d'un incarnat très-vif. Elle était vêtue d'une robe de satin noir, et portait pour tout ornement un collier et des bracelets de corail. Le contraste de ces deux couleurs éminemment cabalistiques contribuait encore à rendre plus frappant le caractère surnaturel de sa figure. Dans une époque de superstitions, on l'eût prise aisément pour une nonne ou pour une walkyrie. Ses mouvements majestueux et lents commandaient le respect, et en présence de cette beauté calme et triste, les esprits les plus sceptiques recevaient une impression involontaire. Aussi n'est-il pas étonnant que Ninette eût pour la dame étrangère une vénération mêlée de terreur.

— Mais il n'y a plus de fées aujourd'hui, dit Ninette en reprenant son livre.

— Qui vous fait croire cela ? dit la dame de sa voix au timbre grave et résonnant de notes cuivrées, en laissant tomber d'aplomb son regard magnétique sur la petite fille, qui tressaillit malgré elle.

— Il faut bien qu'il n'y en ait plus, puisqu'on n'en voit jamais ; et pourtant j'aurais bien désiré en rencontrer une, au risque d'avoir un peu peur ! Une bonne fée vêtue d'une robe toute semée d'étoiles, tenant une baguette d'or fin, qui m'aurait accordé le don que je lui aurais demandé.

— Chère enfant, c'est peut-être qu'aujourd'hui les fées se font habiller chez Palmyre, comme de simples femmes du monde ; quoique fée, on aime à suivre la mode ; les robes constellées, les ceintures cabalistiques, cela était bon autrefois, et la baguette, pour s'être déguisée en manche d'ombrelle, n'en est pas moins puissante.

Pendant qu'elle parlait ainsi, les prunelles de la dame semblaient s'illuminer d'un jour intérieur et lancer des éclairs, sa haute taille se redressait, et Ninette crut voir trembler autour de la mystérieuse amie de sa mère comme une espèce d'auréole.

Des visiteurs qui survinrent firent changer la conversation, et la dame au collier de corail, à la robe de satin noir, reprit un aspect ordinaire; cependant la corde touchée en passant vibrait encore dans l'âme de Ninette; le regard perçant de Mme *** l'avait pénétrée; elle ne pouvait s'empêcher de se dire tout bas :

— Si Mme *** était une fée !

Quelques jours après, Mme *** vint pour voir la mère de Ninette, qui était sortie.

Ninette, seule dans le salon, chiffonnait gaîment pour sa poupée, et lui taillait des jupons dans un vieux mouchoir de batiste que la femme de chambre lui avait abandonné. L'épaisseur du tapis avait étouffé le pas de Mme ***, qui se trouva tout près de Ninette sans que cette dernière s'en aperçût, tout occupée qu'elle était de son travail. L'enfant poussa un léger cri lorsque, levant les yeux par hasard, elle vit la dame aux sourcils d'ébène debout devant elle.

— Est-ce que je vous fais peur, petite? demanda la dame en ne se servant que des notes les plus veloutées de sa voix.

—Oh! non, répondit Ninette d'un ton de voix peu rassuré.

— Vous vous figurez peut-être que je suis descendue du plafond, où je me tenais cachée dans le lustre; que je suis sortie des vases du Japon qui ornent la cheminée, ou que je viens de jaillir du plancher dans une flamme de Bengale?

— Je ne crois pas cela, mais j'étais si affairée à ma couture que je ne vous ai ni vue ni entendue.

— J'ai le pas fort léger, en effet, dit Mme *** avec un accent singulier ; quand j'étais à Java, dans mon pays natal, il y a des gens qui auraient juré m'avoir vu traverser un torrent sur un fil d'araignée.

A cette assertion étrange Ninette releva son joli museau, moitié étonné, moitié crédule.

Mme *** vit qu'elle avait fait impression sur Ninette, et lui lança un regard' si plein de puissance et de calme que Ninette, subjuguée, abandonna le poupard bourré de son avec lequel elle s'essayait vainement à la maternité, et se tint à quelque distance, dans une attitude de fascination admirative.

— A Java, dans les forêts où brillent les prunelles jaunes de la panthère noire, où les fleurs ouvrent comme des urnes leurs calices énormes, où l'arbre upa jette son ombre qui donne la mort, où la vase est rayée par le ventre des serpents boas, pétrie par les pieds monstrueux de l'hippopotame, où la chauve-souris-vampire fouette de ses ailes velues l'air chargé de miasmes, je me promenais, seule, en chapeau de paille, en robe de mousseline, une baguette à la main.

— Une baguette! vous êtes donc une fée! je l'avais toujours pensé, s'écria Ninette.

Mme *** ne fit aucun signe d'adhésion; pourtant elle ne dit rien qui pût détromper l'enfant. Ninette, encouragée par son silence, lui demanda avec toute la naïveté de cet âge, où la foi est si facile, au milieu des premiers étonnements de la vie :

— Est-ce que vous pourriez me faire un don pour me rendre meilleure, comme je le vois dans les contes ?

— Je le peux, reprit gravement Mme ***. Vous trouverez en vous couchant, ce soir, sur le chevet de votre lit, un oreiller magique. Il répondra à vos questions; mais ne le consultez que pour des choses importantes, et non dans un motif de vaine curiosité. Sans cela, il deviendrait bientôt muet. Si, dans la journée, vous avez fait quelque chose de répréhensible, il n'attendra pas que vous l'interrogiez, il prendra la parole de lui-même; mais ne dites rien de ceci à personne, les fées aiment la discrétion, et qui ne sait pas garder un secret, n'est pas digne de leurs faveurs.

La mère de Ninette rentra, et la conversation en resta là.

Nous vous laissons à penser si la journée parut longue à la pauvre fille ; elle comptait les heures, les minutes; ses petits pieds frémissaient d'impatience sur les bâtons de sa chaise ; elle répondait à peine à ce qu'on lui disait, ou bien elle répondait tout de travers. Elle crut que le soleil voulait passer la nuit ce jour-là. Enfin, neuf heures sonnèrent, et jamais Ninette n'avait trouvé le timbre plus clair, plus joyeux, plus argentin.

Elle monta dans sa chambre sans se faire prier, et lorsque sa bonne se fut retirée, elle entr'ouvrit les rideaux de son lit d'une main tremblante d'émotion...

O prodige! bien que personne ne fût entré dans la chambre de Ninette, l'oreiller magique se trouvait là, délicatement posé sur le traversin. Au reste, rien qu'à le voir, on comprenait que ce n'était pas un oreiller ordinaire. Pour le gonfler, l'eider de Norwège avait fourni son duvet le plus soyeux et le plus léger ; la Frise, sa toile la plus égale, la plus blanche, pour former la taie, entourée d'une précieuse dentelle de Malines large de deux doigts. Et puis avec cela, si l'on peut dire qu'un oreiller a une physionomie, celui-ci avait un air si candide, si calme, si pur, si bienveillant ; il ballonnait si parfaitement, il exhalait une si suave odeur de lessive et de poudre d'iris, qu'il eût donné à l'activité même l'envie d'y reposer sa tête.

Ninette, après avoir fait sa prière, se coucha, et enterra non sans quelque appréhension, les roses de sa joue dans la neige de l'oreiller. Avec son petit bonnet garni d'une ruche de tulle, elle était, comme on dit, en style de loup, gentille... à croquer. Une ou deux boucles de cheveux blonds s'échappaient de dessous le béguin avec des ondulations et des luisants de soie grége. La chère enfant aurait bien voulu entrer tout de suite en conversation avec son talisman, mais elle se souvint de la recommandation de Mme ***, et elle eut la force de ne rien demander. Au bout de quelques minutes, comme elle allait s'endormir, un murmure presque insaisissable sortit de l'oreiller, et les phrases suivantes furent chuchottées à Ninette, mais si bas, si bas, qu'elle seule, s'il y eût eu d'autres personnes dans la chambre, aurait pu les entendre :

— Chère Ninette, comme vous avez été impatiente tantôt, et nerveuse, et préoccupée! Vous avez dit plus de vingt fois en vous-même : « Je voudrais bien être à ce soir. » Le temps est à celui qui a fait l'éternité; pourquoi vouloir hâter ou retarder sa marche? Chaque heure vient à son tour, même celle qu'on attend. Si Dieu vous avait écoutée toutes les fois que vous avez désiré arriver à cette époque, votre vie eût été raccourcie de moitié : désirer l'avenir, c'est le plus sûr moyen de gâter le présent !

Ce conseil donné, l'oreiller se tut, et Ninette ne tarda pas à s'endormir. Elle fit les plus jolis rêves du monde; il lui semblait être dans un paysage aux gazons de laine, aux arbres en chenille, aux maisons en bois de Spa, peuplé de poupées à ressorts si bien articulées, qu'on aurait cru leurs mouvements naturels; puis le paysage s'envola, et Ninette fut transportée dans le royaume de Nacre de perle, dans un palanquin de fils de la Vierge porté par deux oiseaux-mouches en grande livrée ; enfin elle vit, assise sur un trône de diamant, une femme d'une beauté merveilleuse, qui tenait un petit enfant debout sur son genou; l'enfant avait comme des marques dans les mains et une raie rouge au côté. Il regardait Ninette d'un air si amical et si doux, qu'il lui semblait retrouver le frère qu'elle n'avait jamais eu. La divine mère, laissant tomber son regard ineffable sur Ninette, lui dit :

—Si tu es bien sage, tu joueras

éternellement dans le jardin du paradis avec mon fils, et tu auras des ménages d'or fin et de cristal de roche, des jeux de toutes sortes, si bien peints, si bien vernis, que les enfants de rois n'en ont jamais eu de pareils! Tu pourras les casser tous les jours sans qu'ils cessent d'être tout neufs et tout entiers.

Ces beaux rêves conduisirent agréablement Ninette jusqu'au réveil. Jamais elle ne fit mieux ses devoirs, n'étudia ses leçons avec plus de soin que ce jour-là. Jamais les points de sa couture ne furent plus égaux et plus nets, car le travail des mains, tout humble qu'il est, ne doit point être méprisé par une jeune fille chrétienne, même quand elle est dans une position à n'en pas avoir besoin.

Nous ne rapporterons pas toutes les conversations de Ninette avec son oreiller, cela serait trop long; nous en choisirons seulement quelques-unes.

Un jour, c'était l'hiver, il avait tombé beaucoup de neige pendant la nuit, tout le parc était enfariné : les arbres, emmaillotés d'une peluche blanche, avec leurs rameaux déliés et brillants, faisaient l'effet d'un immense ouvrage en filigranes d'argent. Le froid était vif, et les oiseaux, sautillant sur la neige, y marquaient de petites étoiles avec leurs pieds. Ninette, pour aller à l'église, s'enveloppa de sa palatine à bordure de cygne, mit ses mains dans son manchon, où se trouvaient déjà son livre de messe et son mouchoir, et fit le trajet sans s'apercevoir autrement de la rigueur de la saison que par le baiser un peu âcre de la bise sur sa joue.

A quelque distance de l'église, au coin d'une borne, sur quelques brins de paille qu'il avait ramassés, grelottait un enfant, à peine couvert de misérables haillons, dont les trous laissaient voir la chair nue. Il tenait dans une de ses mains ses pieds rouges de froid, pour tâcher de se réchauffer un peu; il tendait l'autre, en tremblant, aux gens qui passaient.

Quand Ninette fut devant lui, il répéta sa prière d'un ton lamentable :

— Ma chère demoiselle, la charité, s'il vous plaît !

Ninette eut d'abord envie de s'arrêter; mais il fallait retirer ses mains de son manchon, et d'ailleurs elle voulait arriver des premières à l'église; elle répondit donc :

— Je n'ai pas de monnaie, et passa.

L'impression de pitié que lui avait causée la misère de l'enfant fut bientôt dissipée. L'objet n'était plus devant ses yeux, et c'est à cet âge-là surtout que le proverbe italien *lontano dagli occhi, lontano del cuore,* est plein de vérité. Le spectacle du monde est si nouveau, si merveilleux pour une imagination de sept ans!

Le soir, Ninette se coucha, vaguement mécontente d'elle-même, bien qu'elle eût oublié la scène du matin; elle eut de la peine à s'endormir, et se retourna vingt fois sur l'oreiller sans pouvoir en venir à bout,

L'oreiller, ainsi tourmenté, prit la parole :

— Ninette, ce que vous avez fait ce matin est mal. Vous avez manqué de charité et vous avez dit un mensonge ; vous saviez bien, lorsque vous avez répondu : « Je n'ai pas de monnaie, » que dans le coin de votre mouchoir, du côté de la marque, étaient nouées quatre pièces de cinq sous toutes neuves et toutes brillantes. Une seule de ces pièces eût peut-être sauvé la vie de ce pauvre enfant, qui n'a plus de père, hélas ! et plus de mère. Vous aviez peur de manquer le commencement de la messe? Mais croyez-vous que le bon Dieu vous en aurait voulu ? Qui travaille, prie ; qui fait l'aumône, prie pour lui-même et pour la personne qu'il aime le mieux. D'ailleurs, ce n'était pas pour être exacte à vos devoirs religieux que vous marchiez si vite, c'était pour être placée au premier rang, afin qu'on vît la palatine de satin bordée de cygne que votre bonne mère vous a donnée.

L'oreiller disait vrai, car la Javanaise aux sourcils d'ébène lui avait donné le pouvoir de lire couramment au fond des âmes. Ninette, confuse et repentante, s'endormit l'esprit troublé, le cœur gros, d'un sommeil agité et pénible comme celui des mauvaises consciences.

Elle fit des rêves affreux, lugubres; il lui semblait voir le petit mendiant sur ses quatre brins de paille, le ciel était tout noir et la neige descendait à flocons pressés ; la couche épaississait toujours sur le malheureux, qui finit par être presque entièrement recouvert. Ninette essayait de dégager le pauvre enfant; elle jetait avec ses mains la neige à droite et à gauche, sans pouvoir y réussir ; elle-même commençait à s'enfoncer, et le lit glacial lui montait déjà jusqu'aux genoux. Enfin il passa une dame vêtue d'une tunique rose et d'un manteau bleu, qui releva l'enfant et plaça Ninette sur un terrain plus ferme. Le mendiant, secouant la neige attachée comme un duvet aux inégalités de ses haillons, parut tout rayonnant et tout illuminé; des marques rouges étincelaient dans ses mains comme des flammes; il jeta sur Ninette un regard plein de reproche et de tristesse, et lui dit :

— Tu ne veux donc pas venir jouer avec moi sur la prairie céleste, et courir dans l'éternité après les papillons qui ont des yeux de diamant sur les ailes ?

Le mendiant, à qui Ninette avait refusé sa pièce de cinq sous neuve, n'était autre que l'Enfant Jésus, qui avait voulu l'éprouver.

Cette leçon lui suffit, et jamais Ninette ne répondit à un pauvre : « Je n'ai pas de monnaie. » Eût-il neigé comme sur le Mont-Blanc, et plu comme le jour du déluge, elle se fût arrêtée pour chercher au fond de ses poches le sou demandé.

Aussi Mme *** lui parlait-elle avec sa voix la plus caressante et lui réservait-elle son plus charmant sourire.

Une autre fois, l'oreiller donna une leçon profitable à Ninette. Le jour des prix approchait; Ninette travaillait son piano avec tout le zèle imaginable; elle recommençait vingt fois la même sonate jusqu'à ce qu'elle eût réussi à son gré ; elle se martyrisait les chirogymnastes comme si elle eût voulu s'essayer aux tours de force de Liszt ou de Dreyschock ; sa mère, sa maîtresse, tout le monde était enchanté d'elle : l'oreiller ne fut pas de cet avis.

—Sans doute, lui dit-il un soir à l'oreille, l'émulation est une belle chose, et la musique est un art divin ; mais est-ce bien l'amour du piano et le désir de bien remplir vos devoirs qui vous fait travailler depuis deux mois avec tant d'acharnement ? N'est-ce pas plutôt l'envie de faire de la peine à votre amie Lucy, qui, selon toute apparence, doit avoir le prix, et semble y compter ? En outre, je vous avertis d'une chose : vous ne jouez qu'avec vos doigts et votre volonté ; Lucy joue avec son âme, et, fussiez-vous cent fois plus habile, elle l'emportera sur vous. Ce qui vient du cœur y retourne.

Lucy partagea le prix avec Ninette.

Grâce à son conseiller de plumes et de toile de Hollande, Ninette devint la plus charmante jeune personne que puisse souhaiter l'amour d'une mère ; elle fit une première communion exemplaire, et le corps de Dieu fut la nourriture d'un ange.

Quand elle fut tout-à-fait une jeune

fille en âge d'être mariée, l'oreiller lui donna encore de bons conseils, qu'elle eut la sagesse de suivre.

Deux jeunes gens venaient dans la maison de sa mère ; tous deux honorables sans doute, puisqu'ils y venaient, mais de caractères bien différents.

L'un spirituel, brillant, mais un peu vain, un peu superficiel, et peut-être plus occupé de sa toilette qu'il ne convient; l'autre, plus modeste, s'effaçant le plus possible, mais plein de talent et d'une instruction solide.

Ninette préféra d'abord le premier; cela est tout naturel, l'habit se voit avant le cœur, le gant avant la main; mais une conversation qu'elle eut avec son oreiller lui fit changer de sentiment.

— Alfred est honnête sans doute; mais, pendant qu'il court les bals, Eugène, à la lueur de sa lampe, veille, étudie, médite, et se couche le matin l'esprit et le cœur pleins de bonnes pensées, tandis que l'autre rentre le corps harassé, l'âme vide ou occupée de fantaisies frivoles. Le patrimoine de l'un ne peut que diminuer, celui de l'autre augmentera toujours, et même, fût-il pauvre, il sera considéré; car des mœurs pures, un travail opiniâtre joint à un heureux génie naturel, ne peuvent manquer de rendre un nom célèbre. Eugène n'aimera que vous au monde et ses livres. Il n'a pas encore osé parler, mais je lis dans son cœur comme dans le vôtre.

Eugène était en effet celui que la mère de Ninette avait choisi pour mari à sa fille.

Le soir du mariage, la dame javanaise entra dans la chambre nuptiale, et voyant le petit oreiller blanc encore à sa place, elle dit en souriant à Ninette :

—Vous m'avez crue plus sorcière que je ne l'étais, ma chère enfant; l'oreiller que je vous ai donné est comme tous les autres oreillers, un sac de toile bourré de plumes ; il n'a jamais dit un mot. Vous avez pris sa voix pour la voix de votre conscience, qui se faisait entendre dans le recueillement de la nuit ; votre imagination, frappée, aidait à l'illusion. Vous avez cru entendre ce que vous disiez vous-même : cela ne vaut-il pas la bague du Prince Chéri et tous les talismans possibles? Maintenant, votre raison est formée, vous avez un mari qui répondra à toutes vos questions, qui éclairera tous vos doutes.

Vous n'avez plus besoin de l'oreiller, mettez-le de côté, et gardez-le pour votre première fille.

EN ESPAGNE.

EN ESPAGNE.

(Octobre 1846.)

—

Un séjour de plus d'un mois, fait, il y a six ans, dans cette très-noble et très-héroïque cité de Madrid, nous avait suffisamment édifié sur les agréments de cette ville; mais cette annonce magique : *Corrida de toros de corte,* avait pour nous une attraction irrésistible.

Pour un *aficionado* aussi passionné

que nous le sommes, manquer une semblable fête eût été plus qu'un regret, presque un remords, d'autant que la seule chance de la voir se renouveler ne pouvait se présenter que dans seize ans : en effet, il faudrait le mariage d'une infante, fille de la reine actuelle, pour amener le retour d'une course royale; et qui sait si alors les vieilles coutumes n'auront pas tout-à-fait disparu, et si, grâce à la froide barbarie que nous appelons civilisation, la chevaleresque Espagne pratiquera encore ce noble divertissement illustré par le Cid et Charles-Quint?

Ces courses royales, où l'on déploie toutes les ressources et toutes les recherches de la tauromachie, se donnent, non au cirque d'Alcala, mais dans la plaza Mayor; c'est pour elles que les toreros réservent leurs plus beaux coups, et que les gentilshommes descendent dans l'arène.

Cela valait bien les quatre cents lieues de l'aller et les quatre cents lieues du retour.

Aussi jetâmes-nous à la hâte un peu de linge et quelques paires de gants blancs dans notre mince valise, et à l'heure dite montions-nous en voiture avec notre compagnon de route, M. de V., dont l'aimable société n'était pas un des moindres attraits du voyage.

Au chemin de fer de Tours l'on plaça la calèche sur un wagon. Une calèche en voiture aurait paru, il y a quelques années, une chose bien bizarre; maintenant, c'est tout simple, comme dans cinquante ans il n'y aura rien d'extraordinaire à partir en ballon.

Tout en courant sur les tringles de fer, nous pensions à l'époque déjà prochaine où tout autre moyen de transport sera supprimé, et où les entrepreneurs disposeront à leur gré de la locomotion en France. — Le chemin de fer rend la poste impossible, comme l'imprimerie et la poudre à canon ont rendu impossibles l'art du calligraphe et l'emploi des flèches. Le cheval, découragé par la locomotive et sentant que son règne est fini, ne veut plus marcher; Le postillon rêve d'être employé sur quelque ligne ferrée, et d'indiquer, le bras tendu, la main sur le cœur, que l'on peut passer sans péril.

Cependant, si, comme l'établissent des calculs fort bien faits, basés sur la quantité de fumée qui se produit, les houillères et les mines d'anthracite ne contiennent pas de quoi suffire à la consommation pour plus de quatre-vingt-dix ans, que deviendra le monde d'alors? quelle figure feront nos descendants, réduits à tirer eux-mêmes leurs wagons à la place des locomotives éteintes? car la race chevaline aura disparu, ou il n'en existera que de rares exemplaires au Jardin des Plantes et dans les Muzées zoologiques.

Nous n'en sommes pas encore là; mais déjà il est difficile de faire plus de deux lieues et demie à l'heure en poste, même en payant les postillons au plus haut prix, surtout quand ils sont à cheval; car l'habitude de conduire sur des siéges les a rendus fort mauvais écuyers pour la plupart.

Cependant, quel que soit le train dont on aille, l'on finit toujours par arriver, surtout si l'on ne s'arrête jamais.

Laissant Bordeaux et les Landes derrière nous, nous atteignîmes Bayonne, où nous devions prendre la malle espagnole, que nous avions retenue longtemps à l'avance, craignant une affluence énorme de voyageurs; mais l'évasion du comte de Montemolin et de Cabrera, et la prévision de quelque soulèvement carliste, avaient calmé beaucoup d'ardeurs.

Les versions les plus follement fantastiques circulaient à cet égard dans Bayonne, et si un long voyage en Espagne, fait à une époque bien autrement dangereuse, ne nous avait pas inspiré une profonde philosophie à l'endroit des récits les plus effrayants, à coup sûr nous eussions rebroussé chemin. Nous partîmes donc au risque d'être emmenés captifs dans la montagne, et de voir envoyer une de nos oreilles à nos parents pour les engager à payer notre rançon.

Nous devancions Leurs Altesses Royales d'un jour, car tous les chevaux et toutes les mules de postes étant gardées pour eux, leur suite et leur bagage, nous serions restés à pied dans quelque *posada* borgne ou louche pour le moins, position fort mélancolique.

A Irun, où nous passâmes le soir, un arc de triomphe de feuillages occupait le milieu du pont de la Bidassoa, dont une moitié est française et l'autre espagnole : des drapeaux et des blasons aux couleurs des deux nations, des inscriptions et des cartouches en l'honneur des princes, complétaient cette décoration improvisée.

L'île des Faisans, à qui le mariage de Louis XIV a donné une célébrité historique, disparaît de jour en jour, rongée par la marée d'un côté, et par le fleuve de l'autre; il n'en restera bientôt plus que le souvenir.

A Tolosa, les ouvriers achevaient en grande hâte un arc de triomphe en charpente, recouvert de toiles simulant le granit, et peintes à la manière des décorations de théâtres. Les rayons du jour naissant éclairaient une inscription ainsi conçue : « *Au Duc de Montpensier, la province de Guipuscoa!* »

Dans Vittoria, quelques madriers dressés annonçaient des intentions équivalentes.

C'est avant d'arriver à Vittoria que l'on rencontre les montées abruptes de Mondragon et de Salinas, que l'on ne peut gravir qu'en attelant à la voiture plusieurs jougs de bœufs. La force de traction de ces braves bêtes est énorme. Rien n'est plus drôle, dans les endroits en pente, que de les voir trotter et même galoper : oui, ces lourds animaux, aux jambes cagneuses et presque luxées, galopent avec une allure dégingandée la plus singulière du monde !

Salinas, avec ses toits de tuiles à l'italienne, son clocher de faïence verte vernissée, a de loin un aspect pittoresque. De près, les trois ou quatre rues qui le composent sont étroites et noires ; mais une assez belle fontaine de pierre, de grands blasons sculptés sur les maisons, un joli palais à moitié en ruine et dans le goût de la Renaissance, prouvent une ancienne splendeur disparue.

La même remarque peut s'appliquer à toutes les villes précédemment traversées, à Ernani, à Villa-Franca, à Villa-Real, à Bergara, d'où la vie semble s'être retirée, et dont plusieurs édifices, par la richesse de leur architecture, les armoiries et les devises qui les ornent, leurs balcons et leurs grilles d'une serrurerie admirable, indiquent une civilisation bien supérieure à l'état actuel. En supposant même que les habitants eussent assez d'aisance pour faire les frais de pareilles bâtisses, les artistes manqueraient pour les exécuter. C'est donc à cela que servent les progrès des lumières ! tout ce qui est vieux est superbe, tout ce qui est moderne est hideux. Nous ne sommes pas plus amoureux qu'il ne le faut des vieilles pierres; mais le sens de l'architecture est tout-à-fait perdu. Les maçons de nos jours ne savent même pas percer une fenêtre ou une porte dans un mur. Autrefois, à ce qu'il paraît, ce sens était général, car dans les recoins les plus enfouis, dans les trous les plus perdus, on découvre des chefs-d'œuvre d'art et de goût : des escaliers d'un tour admirable, des toits d'une coupe charmante, des portails sculptés à ravir, des cartouches ou des frises d'un caprice délicieux, fouillés dans la pierre par on ne sait qui, et tels qu'un roi les envierait pour la cour d'honneur de son Louvre.

A quoi attribuer cette décadence? à la découverte de l'imprimerie, comme le fait Victor Hugo? Alors cette invention diabolique eût bien fait de rester dans le cerveau de Fust et de Guttenberg.

Les environs de Burgos sont moins dénudés que le reste de la Castille vieille; les routes qui conduisent à cette capitale, déchue de son antique splendeur, sont en général bordées d'arbres, et l'arbre, dans cette partie de l'Espagne, est une rareté. Les paysans prétendent qu'ils sont nuisibles et servent de refuge aux petits oiseaux qui mangent la semence dans les sillons ; aussi, loin d'en planter, ils coupent ceux qui existent : les jardins situés hors de la ville verdoient d'une végétation assez vigoureuse, due aux saignées faites à l'Arlanzon, espèce de torrent aux eaux inégales, qui se tord dans un lit pierreux.

Nous aurions bien voulu prendre l'allée de peupliers qui conduit au couvent de las Huelgas, mais ce que l'on gagne en célérité, on le perd en liberté, et le voyageur moderne n'est que l'accessoire très-secondaire.de la voiture ; il nous fallut renoncer au plaisir de promener notre rêverie admirative sous ces cloîtres à qui l'outrage du temps a donné une beauté nouvelle.

Pour nous dédommager, nous avions, il est vrai, la belle porte monumentale, de l'époque de la Renaissance, qui se lève au bout du pont de pierre jeté sur l'Arlanzon.

Cette porte est superbement historiée de médaillons à la romaine, de héros et de rois bibliques, d'un style farouche et surprenant, cambrés avec toute l'exagération du goût germanique, et sentant d'une lieue son

Charles-Quint, empereur d'Allemagne; on retrouve souvent de ces figures, trapues et robustes, aux armures fantasques, aux lambrequins extravagants, sur les façades des Hôtels-de-Ville de Flandre.

Tout voyageur sensible aux beautés unies de l'architecture et de la sculpture doit être flatté de passer sous la voûte de cette porte magnifique.

Burgos, comme autrefois, nous parut sombre et morose; quelques paysans, enveloppés dans leurs manteaux couleur d'amadou, chassaient devant eux des ânes chargés de bois et de légumes. Nous remarquâmes avec peine que le hideux pantalon moderne commençait à se substituer à la culotte et aux guêtres. Il faisait à peine jour, et le courrier ne devait s'arrêter qu'une demi-heure : au risque de le laisser repartir sans nous, et dédaignant, malgré une faim plus que canine, la petite tasse de chocolat à l'eau que nous présentait la *criada*, nous courûmes bien vite à la cathédrale. Passer à Burgos sans voir la cathédrale nous paraît une sanglante barbarie.

Elle était toujours là avec ses deux aiguilles élancées et sa tiare de clochetons, imposante et sombre dans la brume du matin, au milieu des échoppes et des maisons qui ne lui vont qu'à la cheville.

L'on a souvent déploré que la plupart des monuments gothiques fussent obstrués, dans leurs parties inférieures, par des constructions ignobles : leur effet y perd beaucoup, dit-on, et s'ils étaient débarrassés de ces excroissances parasites, de ces verrues hideuses, champignons malsains de l'architecture, ils gagneraient en grandeur et en perspective. Nous croyons tout le contraire ; ces laides bâtisses forment d'excellents repoussoirs, et l'édifice jaillit mille fois plus svelte et plus élégant de ce chaos de murailles et de toits ; l'idée chrétienne se dégage de cette confusion, clairement symbolisée par ces hautes tours et ces nefs colossales, s'élevant au-dessus des petites misères de la vie et de la réalité. En bas, tout est tumulte, trivialité, laideur : montez, et vous trouvez des arcs-boutants aux délicates nervures, les roses des vitraux, les anges en sentinelle : montez plus haut encore, et dans le ciel de Dieu vous voyez luire, sous un rayon, la croix de son Fils.

La dévotion espagnole se lève de bonne heure, l'église était déjà ouverte ; nous pouvions entrer, à notre choix, par les portes d'une des trois façades, du *Pardon*, des

Apôtres, ou bien de la *Pelliceria.*

Quelques vieilles accroupies sur les grandes nattes de sparterie dont le sol des églises est généralement couvert en Espagne, priaient avec ferveur, demandant sans doute au Ciel l'oubli des fautes de leur jeunesse.

Les angles des chapelles et des nefs étaient pleins d'ombre, mais ce crépuscule mystérieux ajoutait à la solennité de l'impression.

Nous parcourûmes rapidement les merveilleuses chapelles, que nous avions autrefois visitées avec la respectueuse lenteur et une admiration dont la ferveur ne s'est pas éteinte à une seconde épreuve.

Quel étonnant tour de force architectural que cette couronne de sculpture, posée à l'intersection des quatre bras de la croix ; gâteau d'abeille, madrépore de pierre, gouffre ouvré à jour, où le regard prend le vertige; montagne de ciselure, retenue en l'air par des fils d'araignée. Le soleil naissant la dorait déjà, tandis que la nuit baignait encore les tombes des nefs et les arceaux des cloîtres.

Sainte Thècle sur son bûcher, entourée de Sarrasins, tenait toujours en main sa longue palme tirebouchonnée. La sublime Vierge de Michel-Ange était à sa place, mais voilée d'un rideau de damas blanc, qu'une bonne femme voulut bien écarter, moyennant une piécette.

Le prodigieux bas-relief de Philippe de Bourgogne, représentant tous les épisodes de la Passion, dans un style qu'on ne peut comparer qu'à celui d'Albert Durer et d'Holben, n'avait pas subi la plus légère dégradation. Toutes les saillies, si fines et si délicates, étaient intactes; aucun soldat n'avait perdu son nez ou sa dague. Six années s'étaient écoulées sans rayer de l'ongle ces épidermes de pierre.

Les chimères qui allongent leurs pattes griffues sur la rampe de cet étrange escalier, qui mène à une porte qu'on prendrait pour une fenêtre, se tordaient aussi bizarrement qu'autrefois dans la pose accoutumée.

Un sang toujours vermeil coulait de la blanche poitrine de cette sainte Casilda, œuvre du chartreux don Diégo de Leyva, à qui nous adressâmes un sonnet, au temps heureux où nous étions encore assez jeune pour composer des vers. Et du sein d'Abraham montait à la voûte, plus compliqué que jamais, l'arbre généalogique de la Vierge, portant des patriarches pour fleurs, et laissant scintiller, à travers l'inextricable enchevêtrement de ses rameaux, le soleil, la lune et les étoiles sur champ d'azur.

Que dire de cette éblouissante chapelle du connétable, miraculeux filigrane, forêt d'arabesques, où le gothique fleuri s'unit au style de la Renaissance dans les plus heureuses proportions? Nous l'avons décrite longuement autrefois, et nous avons oublié cent prodiges; un volume n'y suffirait pas. Quelle grâce dans ces colonnettes, dont les chapiteaux sont formés par des groupes de petits anges, soutenant sur leurs mains les consoles qui servaient de piédestal aux statues des saints! On a peine à comprendre que le ciseau ait pu découper dans la pierre ces ornements si touffus, qu'ils semblent plutôt une végétation spontanée qu'une œuvre de la patience humaine.

Hélas ! pourquoi tout ce luxe ? pourquoi toutes ces fioritures de granit pour entourer deux tombeaux?

En effet, c'est là que reposent sur des oreillers de marbre, le grand connétable, don Pedro Fernandez de Velasco, et sa femme, dona Mencia Lopez de Mendoza y Figueroa. Nous avons dit sur des oreillers de marbre, et ce n'était pas sans intention ; ils sont d'une sculpture si molle et si souple, qu'on pourrait les croire naturels. Les dessins en relief de l'armure du connétable, les ramages dont la robe de brocart de dona Mencia est ouvragée, trompent l'œil par la prodigieuse finesse de l'exécution; c'est de l'acier, c'est de l'étoffe. Et ce petit chien, qui dort fidèlement aux pieds de sa maîtresse! ne faites pas de bruit, il va se réveiller et se mettre à japper!

Qui a fait ce chef-d'œuvre? on l'ignore. Quelle leçon pour nos amours-propres souffrants, pour notre effréné désir d'individualité! Les maîtres qui ont produit cette merveille sont passés inconnus; leurs immenses travaux n'ont pas même pu tirer leur nom de l'ombre!

Avant de regagner le courrier, qui s'impatiente, jetons vite un coup d'œil à ces deux autels latéraux qui sont de Gaspar Becerra ; et à cette Madeleine sur bois, inondant ses blanches épaules d'un torrent de cheveux bruns, traités un à un dans la manière de Léonard de Vinci.

Il était temps, le *delantero*, juché sur sa selle, faisait déjà claquer son fouet.

En sortant de Burgos, à un relais que l'on appelle Sarracin, il y eut,— entre les postillons de la malle et ceux d'une magnifique voiture de Daldringen que l'on amenait à l'ambassadeur de France, exprès pour la cérémonie du mariage, tout emmaillottée d'étoupes et de toiles, — une de ces luttes de vitesse auxquelles les combattants 'attachent autant d'importance que si le sort du monde en dépendait, et qui ont pour enjeu la vie des voyageurs. Un *zagal* se trouva serré de si près entre les deux attelages, qu'il fut obligé d'entrer dans le rang des mules, et de galoper avec elles plus de deux cents pas pour n'être point écrasé.

Grâce à la grêle de coups de manches de fouet, de bâtons et de pierres qui pleuvait sur la croupe, l'échine et la tête de la *Coronela*, de la *Capitana*, de la *Leona*, l'avantage resta à la malle-poste; si l'on avait pu soutenir ce train d'hippogriffe, on eût fait dix lieues à l'heure.

Nous traversâmes, non pas aussi vite, mais à un galop fort raisonnable, Madrigalejos, Lerma, Bahabon, Gumiel; Aranda de Duero, toute criblée encore de la mitraille de Balmaseda; Castillejo, lieu de la dînée, si l'on peut appeler ainsi l'absence d'un repas; Somosierra, où fut tué le général Colbert; Buitrago, où Leurs Altesses devaient passer la nuit; Capanillas de la Sierra, San Agostin, Alcobendas, derniers relais de cette longue course au clocher, accomplie au milieu du plus étourdissant tintamarre de grelots, de coups de fouet, de ferrailles détachées et rattachées, de vociférations et de cris gutturaux qu'il soit possible d'imaginer pour empêcher de dormir des voyageurs assoupis et moulus de fatigue.

Nous étions dans cet affreux désert de sable et de cailloux qui entoure Madrid d'une ceinture de désolation.

Deux heures après, malgré un assez froid brouillard automnal qui se résolvait en pluie fine, nous parcourions la ville, et remontant la calle Mayor, nous débouchions, en passant sous la voûte du bâtiment qui renferme *l'Armeria,* sur la *plaza del Arco,* et nous nous trouvions en face de ce palais où une jeune fille de quinze ans attendait, émue, inquiète et rêveuse, l'arrivée de son fiancé inconnu.

Le palais de Madrid est d'un aspect majestueux et d'une symétrie imposante, quoiqu'un peu ennuyeuse peut-être; il est bâti en une espèce de granit bleuâtre, d'un grain très-fin et très-dur, avec cette solidité à toute épreuve que les Espagnols, les meilleurs maçons après les Romains, savent donner à leurs monuments; les murailles ont près de quinze pieds d'épaisseur, et les embrasures des fenêtres forment des cabinets habitables. L'intérieur en est orné de fresques de Bayne, de Maëlla, de tableaux de grands maîtres et de riches ameublements. L'escalier de gala est très-beau, Napoléon le trouvait supérieur à celui des Tuileries.

Les princes devaient arriver le lendemain, et des nuées d'ouvriers se hâtaient pour terminer les échafaudages nécessaires aux illuminations. Partout retentissait le bruit des marteaux et des cognées; de longs tire-bouchons sortaient des varlopes poussées par des bras vigoureux. Une pénétrante odeur de sapin raboté se répandait dans les airs.

Devant le portail de l'église del

Buen Suceso, qui forme un des pans de la place irrégulière qu'on nomme Puerta del Sol, s'élevait un édifice de charpente avec fronton, colonnes, escalier, une Madeleine de carton; ce n'était assurément pas la peine de dépenser 20,000 duros pour cacher une jolie façade rococo par une vilaine colonnade gréco-romaine. Le Correo ou Hôtel des Postes s'enveloppait également d'une armature destinée à porter des transparents et des verres de couleur.

Au bas de la rue d'Alcala, près de la fontaine de Cybèle, à l'entrée du Prado, se dessinait déjà visible le squelette d'un feu d'artifice, chef-d'œuvre d'un Ruggieri valencien.

Sur les côtés du Prado s'ouvraient comme des carcasses d'éventails les linéaments de l'illumination future, et se dressaient les dessins de pavillons chinois qui devaient, pendant trois jours, flamboyer des lanternes multicolores.

Dans la plaza Mayor, où devaient avoir lieu les courses royales, fourmillait tout un monde de travailleurs. Les amphithéâtres s'élevaient à vue d'œil, et de grands bœufs labouraient paisiblement la terre dépavée, ne se doutant pas qu'ils préparaient l'arène où devaient succomber bientôt, après mille tortures, les plus vaillants de leurs frères cornus.

La plaza Mayor est ouverte par un coin. Pour rétablir la symétrie et augmenter le nombre des balcons, une maison de planches et de toiles se bâtissait comme par enchantement et comblait le vide.

Déjà sous les arcades s'agitaient les marchands de billets, demandant des sommes folles pour une place au premier rang.

La journée se passa en inquiétudes, le moindre retard des estafettes et des courriers donnait lieu à toutes sortes de suppositions; comme d'habitude, chacun avait entendu parler vaguement d'un complot terrible;

les princes avaient été enlevés et emmenés dans la montagne, ou, s'ils ne l'avaient pas été, une machine infernale à la Fieschi les attendait à leur entrée en ville. Des agents anglais, disait-on, semaient l'or à pleines mains; c'est un spectacle que nous avouons n'avoir jamais vu que celui de gens semant l'or à pleines mains, bien que nous ayons lu la phrase imprimée plus de mille fois.

Enfin, mardi, le soleil se leva radieux et serein comme un vrai soleil espagnol, et l'on sut que les princes n'étaient plus qu'à quelques lieues de Madrid.

Nous eûmes le plaisir, grâce à

une place que l'on nous avait offerte dans une des voitures de l'ambassade, de nous trouver au Portazgo à l'arrivée de Leurs Altesses Royales. A chaque voiture qui se dessinait dans le lointain sur la bande blanche du chemin, on disait : Ce sont les princes. Ils arrivèrent sur les deux heures, et quittèrent leurs chaises de poste pour les magnifiques voitures chargées de laquais en grande livrée et traînées par de superbes attelages, que la reine avait envoyées à leur rencontre.

Ils cheminèrent ainsi jusqu'aux limites de la ville, dans un nuage étincelant d'officiers bigarrés et ruisselants d'or, traînant après eux un tumulte de landaus, de cabriolets, de calèches, de coupés, de diligences, de calesins, de berlingots de toute époque, attelés de mules et cherchant à se dépasser pour aller jouir plus loin de la vue du cortége.

Ce qui nous amusa le plus, ce furent les timbaliers et les alguazils à cheval; ces hommes, tout de noir habillés, coiffés de chapeaux à la Henri IV, sentant leur vieille Espagne d'une lieue à la ronde, donnaient à la cérémonie un caractère tout local.

Aux limites de la ville une députation de l'ayuntamiento, ayant en tête ses massiers armés de masses d'or, reçut les princes qui descendirent de voiture, et après avoir écouté une harangue espagnole à laquelle ils répondirent en français, montèrent sur les beaux chevaux qu'on avait amenés pour eux.

Peu d'instants après, le capitaine-général de Madrid vint saluer Leurs Altesses Royales, suivi d'un cortége de généraux, entre lesquels on remarquait le baron de Meer, Mazzaredo, Concha, Aspiroz, Zarco del Valle, Soria, Cortinez, la Hera, et beaucoup d'autres. Narvaëz était absent, quoiqu'il eût dû être invité comme général et comme grand d'Espagne, chaque administration s'étant sans doute reposée sur l'autre du soin d'écrire la lettre de convocation.

Depuis la porte de Bilbao jusqu'au perron du palais, les rues étaient bordées d'une haie formée de détachements des différents corps.

Il faut rendre justice à l'armée espagnole que nous avions trouvée, en 1840, si délabrée et si mal tenue; elle est aujourd'hui une des plus belles du monde. Impossible de voir des uniformes plus brillants, des fournimens mieux astiqués, qu'on nous passe cette expression militaire, et des visages plus mâles et plus nerveux.

La cavalerie est admirablement montée; les simples soldats ont des chevaux qui feraient honneur à des officiers.

Cette ligne continue de splendides uniformes et d'armes étincelantes papillotait au soleil le plus joyeusement du monde. Les balcons étaient encombrés de jolies femmes, et les maisons chargées de fleurs jusque sur les toits. Aucune clameur, aucune manifestation hostile ne vinrent réaliser les craintes propagées par quelques esprits inquiets. Les princes trouvèrent sur leur passage un calme bienveillant, une curiosité polie, et reçurent l'accueil qui est dû aux fils de France partout où ils vont. En mettant le pied sur les marches du palais, ils étaient acceptés de tout le monde, sinon politiquement, du moins personnellement; ils avaient plu, et les épithètes de *guapo*, de *bonito*, de *buen mozo* voltigeaient sur les lèvres des Madrilènes : le soir, le duc de Montpensier était déjà appelé *Tonito* (le petit Antoine) par les gens du peuple et les *manolas*.

C'était un spectacle magnifique que cette place del Arco remplie de troupes, d'équipages, de chevaux et de curieux, et surtout de curieuses, reflétant dans leurs yeux noirs la lumière du ciel le plus pur.

Au bout d'une heure à peu près, occupée par la réception du cortége et l'entrevue des fiancés, les princes remontèrent en voiture et se rendirent à l'ambassade de France, où de splendides appartements leur avaient été préparés, et où le duc de Montpensier devait habiter jusqu'à la célébration de son mariage.

Le lendemain, en passant par la rue del Barquillo, nous entendîmes un fron-fron de guitares et un cliquetis de castagnettes qui semblaient sortir de dessous terre : un groupe de flâneurs, comme il en existe tant à Madrid, stationnait devant une petite fenêtre basse ; nous demandâmes de quoi il s'agissait. On nous répondit que c'était la répétition des *comparsas* qui devaient s'exécuter aux jours de fêtes sur la place du Palais, à l'Hôtel-de-Ville, à la Puerta del Sol et au Prado.

Cette répétition avait lieu dans le jardin et les salles basses de l'ancien café de Cervantès, dont l'entrée donne sur la rue d'Aldala, avec laquelle la rue del Barquillo se coupe à angle droit. Un de nos amis espagnols, car nous en avons, eut la complaisance de dire deux mots au maître de ballet qui nous laissa entrer et nous permit d'assister aux exercices préparatoires.

Ils étaient là-dedans une centaine environ, hommes et femmes de la plus belle humeur, se démenant comme des enragés et riant comme des fous : le maître de danse tâchait de régler un peu cette fougue et de contenir la cachucha dans des bornes constitutionnelles.

Parmi les femmes il y en avait peu de jolies, car on avait choisi, non les plus belles, mais les meilleures danseuses ; cependant une Espagnole, à moins qu'on ne lui crève les yeux, ne peut jamais être laide, et un visage où brillent ces deux étincelles de jais humide a toujours des moyens de plaire.

Leur toilette était des plus négligées, — une toilette de répétition; pourtant l'élégance ne manquait pas entièrement. Le plus pauvre jupon, le plus mince fichu prennent sur ces tailles souples et ces bustes bien modelés, une grâce hardie et provoquante : les Espagnoles ont des allures si moelleuses et si vives en même temps, un coup d'œil si direct et si furtif à la fois, qu'elles se passent parfaitement de beauté; vous êtes charmé, et il vous faut de la réflexion pour vous apercevoir que la femme dont vous étiez enthousiasmé n'a réellement rien de remarquable. Cette séduction, cette grâce, ce je ne sais quoi s'appellent la *sal* (le sel). On dit d'une personne qu'elle est *salada* (salée), cet éloge renferme tout.

Les *comparsas* sont des échantillons des danses nationales des anciennes provinces d'Espagne, qui s'exécutent aux occasions solennelles pour célébrer un avénement, un mariage ou une victoire.

Dans le café de Cervantès tous les royaumes d'Espagne avaient leurs représentants. Manchegos, Gallegos, Castillanos-Viejos, Valencianos, Andaluces, plus ou moins authentiques; Castillans de Lavapies, Andalous du Rastro, Manchègues qui n'avaient jamais dépassé l'Arroyo d'Abrunigal, non pas tous sans doute, mais quelques-uns; les danseuses nous parurent principalement recrutées parmi les Manolas, les Cigareras, les pèlerines des Romerias de San Isidro, les habitués du jardin de las Delicias et des bals de Candil.

Quand nous entrâmes, deux de ces dames étaient en train de se disputer, et ne trouvant pas, sans doute, d'injures assez piquantes, elles avaient retiré leur peigne et s'en donnaient réciproquement de grands coups sur la tête et dans la figure.

On eut beaucoup de peine à séparer les deux héroïnes, qui, sous la menace d'être mises à la porte, passèrent le dos de leurs mains sur leurs yeux, reprirent leur place dans le quadrille et figurèrent vis-à-vis l'une de l'autre avec une mine sombre et farouche la plus divertissante du monde.

Nous remarquâmes une petite fille de quatorze ans tout au plus, plus fauve qu'une orange, qui dansait avec un feu et une verve extraordinaires : ce devait être sans doute quelque gitana de Triana ou de l'Albaycin, car l'ardeur sombre de l'Afrique brillait dans ses yeux charbonnés et sur son teint de bronze.

Le mariage du duc de Montpensier et celui de l'Infante, ainsi que celui de la Reine et du duc de Cadix, furent célébrés à dix heures du soir, au palais, dans la salle du trône, à un autel élévé pour la circonstance. Le patriarche des Indes officiait.

La salle du trône a pour plafond une voûte peinte à fresque, représentant des sujets allégoriques et mythologiques; des lions de bronze doré, emblème du royaume de Castille, sont placés sur les marches du dais, de chaque côté du fauteuil royal. Le baldaquin est chargé de génies et de figures symboliques, soutenant la couronne et les armes d'Espagne, sculptées en haut relief.

Le général Castanos, duc de Baylen, servait de témoin à la Reine. La France était représentée par M. le duc d'Aumale, le comte Bresson, M. de Vatry, les officiers et secrétaires des commandements des deux princes, M. Alexandre Dumas et son état-major d'artistes.

Cette cérémonie intime, à laquelle n'assistent que les témoins indispensables, unit les époux indissolublement, mais elle est suivie d'une cérémonie officielle et publique qu'on appelle *las velaciones,* et dans laquelle les conjoints sont entourés d'un voile qui les relie l'un à l'autre. *Las velaciones* des illustres couples devaient avoir lieu à l'église de Notre-Dame d'Atocha, édifice dans le goût d'architecture employé par les jésuites, et qui se trouve à l'extrémité du Prado.

Dès le matin les maisons étaient pavoisées et décorées de tapisseries. L'Hôtel-de-Ville, joli monument badigeonné de bleu de ciel, était orné de tentures de velours cramoisi à crépines d'or; au balcon principal, sous un dais d'une grande richesse, l'on avait placé les portraits en pied de la reine et de son illustre époux, entourés de cadres magnifiques et peints par MM. Madrazo et Tejeo : deux hallebardiers immobiles gardaient les effigies royales.

Le palais du comte d'Onate était décoré de grands blasons exécutés très-habilement avec des morceaux de drap cousus et piqués.

A la façade du Correo, deux postillons en costume se tenaient debout sous un baldaquin à côté des portraits obligés. L'hôtel des *Postes Peninsulares* offraient la même décoration, ainsi que l'Académie royale de Saint-

Ferdinand; seulement, à l'Académie de Saint-Ferdinand, le dais ne recouvrait qu'une statue en plâtre de la reine. La maison de la marquise d'Alcanicas disparaissait sous d'antiques et précieuses tapisseries de Flandre, mêlées de soies, d'argent et d'or.

Une foule innombrable contenue par deux files de soldats coulait à flots pressés de chaque côté de la calle de la Villa, de la calle Mayor, de la calle d'Alcala et du Prado, attendant l'apparition du cortége. Chaque fenêtre encadrait un groupe de jolies têtes en mantilles; partout scintillaient les lorgnettes et palpitaient les éventails. Un tour dans les rues de Madrid ce jour-là, eût équivalu à un voyage complet en Espagne ; toutes les provinces y étaient représentées par nombreux échantillons : ici le Maragate au chapeau à larges bords, au pourpoint de cuir, au ceinturon fermé par une boucle de cuivre, dont le costume n'a pas varié depuis le moyen-âge ; là le Valencien aux grègues de toile blanche, aux jambes entourées de knémides avec sa *capa de muestra* sur l'épaule, les alpargatas et le foulard qui enveloppe sa tête rasée comme celle des Bédouins ; ici l'Andalous avec ses guêtres de cuir de Ronda, ouvertes en dehors, sa *faja* de soie rouge ou jaune, sa veste brodée de soie ou enrichie de découpures de drap; là le vieux Castillan en casquette de peau de loup, en veste d'astracan ou en manteau couleur tabac d'Espagne; sans compter les Manchègues vêtus de noir, culotte courte et bas drapés, les Manolos, avec leurs jaquettes et leurs petits sombreros de Calana : une galerie complète de physionomies pittoresques et curieuses.

A dix heures le cortége partit du palais : un escadron de cavalerie ouvrait la marche, puis venaient les clairons et les timbaliers de la garde à cheval. Le timbalier, se démenant entre ses deux grosses caisses, et perché comme un singe sur la croupe de son cheval, nous a toujours beaucoup réjoui. Les trompettes étaient coiffés de colbacks en longues laines blanches frisées d'un effet charmant.

Venaient ensuite les massiers à cheval, deux carrosses avec huit gentilshommes de la chambre et de la bouche; trois carrosses avec douze majordomes de semaine; les carrosses de cérémonie des grands d'Espagne, couverts; un carrosse avec le majordome de semaine, et un gentilhomme de semaine; un carrosse avec le premier écuyer de Sa Majesté, avec le gentilhomme de chambre de semaine; un carrosse avec les officiers d'ordonnance de la Reine-Mère; un carrosse avec la dame camérière et la dame de garde; un carrosse avec les officiers du palais, un courrier à droite et un palefrenier à gauche; deux coureurs vêtus à l'ancienne mode; le carrosse de Son Altesse Royale le duc d'Aumale, avec son aide-de-camp et son escorte; deux coureurs; le carrosse de son Altesse Royale l'infant Don Francisco de Paula, son aide-de-camp et son escorte; deux coureurs; le carrosse de son Altesse Royale l'infante Doña Luisa-Fernanda et son époux le duc de Montpensier, avec écuyers et escorte; quatre coureurs; un courrier; le carrosse de Sa Majesté la Reine-Mère, avec écuyer, commandant et escorte ; un carrosse d'honneur, en acajou, de Sa Majesté la Reine; quatre coureurs; le carrosse de Sa Majesté la reine Isabelle et de son royal époux ; le capitaine-général et les généraux à leurs postes respectifs; l'escorte de Sa Majesté; les palefreniers de service du cortége; un escadron de cavalerie.

Il est facile d'imaginer le coup-d'œil magique que formait cette longue file de voitures étincelantes de dorures et de blasons, rappelant par leurs formes, noblement surannées, les magnifiques équipages à la

Louis XIV, si bien représentés dans les paysages de Vander-Meulen : les chevaux, de race pure et de prestance superbe, étaient harnachés avec une somptuosité folle ; selon la dignité des maîtres qu'ils traînaient, ils portaient à la racine de leur panache une couronne royale ou ducale ; ces chevaux, ducs, marquis ou comtes, par leurs diadèmes, avaient la mine la plus aristocratique que l'on pût voir. — La duchesse de Montpensier avait un teint d'une pâleur éblouissante, où ressortait à ravir le velours de ses yeux noirs. — L'infant Don François d'Assise tenait entre ses jambes une grosse canne à pomme d'or, insigne de sa caste. Détail caractéristique et singulier pour nous.

La cérémonie achevée à l'église d'Atocha, le cortége retourna au palais dans le même ordre, et les réjouissances commencèrent.

Sur des estrades élevées aux points les plus fréquentés de la ville, les *comparses*, vêtus des costumes des différentes provinces, exécutaient les danses nationales : le zorzico, las manchegas, la jota aragonesa, la cachucha, la gallega, au son d'orchestres en plein vent, où se mêlait le joyeux babil des castagnettes, et les ay! et les olé! inséparables de toutes danses espagnoles.

Les costumes auraient pu être plus exacts et plus réels. Ils sentaient un peu trop la friperie de théâtre; l'oripeau et le clinquant y étaient trop prodigués.

Les Valenciens portaient des maillots d'un saumon un peu trop vif et des grègues d'un calicot trop éblouissant, pour satisfaire un voyageur qui s'était promené des heures entières devant la Lonja de Soda, sur le marché de la porte du Cid Augrao, et dans cette belle Huerta qu'arrose le Guadalaviar.

Les Andalous, avec leur tenue de figurants, rappelaient peu les majos de Séville et de Grenade, à la culotte de punto, aux bottes piquées de soie de couleur, aux boutons de filigrane d'argent, un chapeau élancé, orné de velours, de paillons et de houppes de soie; aux vestes merveilleuses, enjolivées de broderies plus compliquées que les arabesques de l'Alhambra.

Quant aux femmes, la fantaisie avait encore plus de part dans leur costume. Il y avait là des Andalouses qui ressemblaient, à faire peur, à des Ketty d'opéra-comique. C'était de l'espagnol-suisse; les Madrilènes, encore plus débonnaires que les Parisiens, n'y regardent pas de si près, et même ils devaient trouver ces corsets de velours et ces galons d'argent d'un goût tout-à-fait raffiné. Mais ce qui avait le plus de succès, incontestablement, auprès d'eux, c'étaient les exercices de Turcs classiques, qu'on eût crus dessinés par Goya, tant ils étaient drôlatiques à voir. Le pantalon à la mameluck, le turban en gâteau de Savoie, le soleil dans le dos, le croissant sur le front, rien n'y manquait, que le sacramentel coup de pied au derrière. Le Turc Malek-Adel, tel qu'on le pratiquait avant la conquête d'Alger, s'est conservé en Espagne comme un fossile dans un bloc de pierre.

Ces danses *sub jove crudo* donnent de la gaîté et amusent innocemment la population, qui connaît la plupart des exécutants et leur adresse ces interpellations comiques, si familières au génie espagnol.

Le soir, la ville flamboyait comme un ciel d'été, constellée d'illuminations splendides; le Prado faisait scintiller la lumière d'un million de verres de couleurs; le Correo, la façade du Musée naval, le palais de Buena-Vista, l'inspection, la caserne du génie, piquaient de point d'or, d'azur, d'émeraude et de rubis, les voiles sombres de la nuit, et offraient un spectacle vraiment magique; à tous les balcons, des torchères, soutenant des flambeaux de cire, attestaient l'allégresse générale, et des transparents, ornés d'attributs et de devises en l'honneur de la Reine, prouvaient que l'ancienne galanterie espagnole n'avait pas dégénéré.

Quant au feu d'artifice, nous devons dire qu'il ne répondit pas à l'attente du public; l'effet en fut maigre et mesquin, surtout quand on pense aux sommes fabuleuses qu'il coûtait; la plupart des pièces manquèrent. Il y a encore loin du señor Mainguet de Valence à notre classique Ruggieri.

Les fêtes royales ne devaient commencer que le 16, à cause de l'anniversaire de la mort de Diego-Léon.

Les travaux nécessaires pour changer en arène la plaza Mayor ou la place de la Constitution, car tel est son nom moderne, étaient presque achevés. Les toiles qui simulaient la façade de la fausse maison de charpente, destinée à compléter la symétrie architecturale, venaient de recevoir leur dernier clou, les tapissiers en avaient fini avec les tentures des balcons : — tout était prêt, excepté le ciel.

Chose rare en Espagne, de gros bancs de nuages s'entassaient à tous les coins de l'horizon et formaient de sinistres archipels; les sommets extrêmes de la Sierra de Guadarrama se couvraient d'une neige qui devait se changer en pluie dans la plaine.

Le Temps est un être fort capricieux et très-taquin de sa nature; dès qu'il pressent une solennité, qu'il voit des préparatifs coûteux, et tout un peuple dans l'attente d'un plaisir ardemment souhaité, il se fait une maligne joie d'être abominable. Il réserve pour ce jour-là ses outres gonflées d'aquilons, ses urnes de pluie, de neige et de grêle, comme s'il n'y avait pas d'autres occasions d'ouvrir ses écluses et d'épancher ses cataractes; Napoléon seul savait, quand il en avait besoin, se faire de l'azur à coup de canon, et commandait au soleil en Josué, tant la projection de sa volonté était irrésistible! mais son secret est perdu, et le baromètre a cessé d'être courtisan.

Les Madrilènes avaient l'air d'une population d'astronomes en quête du nouvel astre saisi dans les profondeurs du ciel par les puissants calculs de M. Leverrier. Jamais nous n'avons vu tant de nez en l'air.

Enfin, le jour fixé pour la *funcion*, satisfait de l'anxiété dans laquelle il avait tenu les bons citoyens de Madrid, les *aficionados* accourus de tous les points du royaume, et les étrangers de nations diverses, que le désir de voir les courses royales amenait de quatre ou cinq cents lieues de distance, le temps se décida à être beau.

La plaza Mayor, où se donnent les courses royales et où avaient lieu jadis les *auto-da-fé*, communique d'un côté avec la calle Mayor, continuation de la rue d'Alcala, par les rues des Botoros et de la Amargura, et de l'autre par le portal de Paños avec la rue de Tolède; trois ou quatre ruelles la relient aux groupes des maisons voisines.

On ne saurait donner aux Parisiens une idée plus juste de la plaza Mayor, qu'en la comparant à la place Royale; non qu'elle offre ce mélange de briques et de pierres si agréable à l'œil, mais les maisons qui l'encadrent reposent sur des piliers formant galerie. Elle est fort grande et présente un parallélogramme exact. Sur le côté qui approxime la calle Mayor s'élève un charmant édifice qu'on nomme *la Panaderia*, flanqué de deux clochetons ornés de cadrans, aux murailles peintes de fresques à demi effacées, représentant des statues et des reliefs allégoriques, et dont une inscription en lettres de métal découpées à jour nous aurait donné la date, si nous avions pu parvenir à la déchiffrer sous le scintillement du soleil.

Dès le matin, la foule envahissait les abords de la place et moutonnait à flots compactes le long des galeries rendues obscures par les constructions des amphithéâtres. Depuis huit jours les marchands des nombreuses boutiques établies sous les piliers vivaient dans l'ombre comme des Troglodytes; mais c'est là un inconvénient de peu d'importance lorsqu'il s'agit de courses royales! un spectacle qui ne se renouvelle qu'à de longs intervalles, aux mariages et aux avénements des têtes couronnées.

Les uns achetaient des billets pour la *prueba* (course du matin), les autres pour la *corrida de la tarde* (course du soir), quelques-uns pour toutes les deux. Aux courses royales les balcons appartiennent à la cour, mais les galeries et les *tendidos* appartiennent aux propriétaires des maisons auxquelles ils s'adossent. — Quelques corporations jouissent aussi du privilége d'une ou plusieurs fenêtres. — Des concessions à perpétuité ont été faites à de certains seigneurs par faveur ou pour des services rendus : témoin le duc d'Ossuna qui, précédé d'un alguazil et son diplôme à la main, se fit rendre un balcon donné à ses ancêtres par le roi Philippe IV. Grâce à l'obligeance de M. Fiereck, aide-de-camp du duc d'Aumale, nous avions une place pour toute la journée à une fenêtre du second étage, d'où nous pouvions saisir à la fois l'ensemble et les détails. — A mesure que l'heure approchait les billets augmentaient de valeur, et l'on ne voudrait pas nous croire si nous disions le chiffre fabuleux qu'ils atteignirent. Vingt-cinq mille personnes peuvent cependant tenir à l'aise dans cette immense enceinte.

En attendant que s'ouvre la porte

du *toril,* ce qui n'aura lieu qu'à dix heures, nous allons vous décrire, aussi exactement que possible, l'amphithéâtre et l'arène ; dès que les acteurs en auront pris possession, le drame sanglant qu'ils joueront ne permettra pas de détourner les yeux un instant, et d'ailleurs les taureaux n'ont pas d'entr'actes.

De larges bandes d'étoffes, garnies d'énormes galons, marquaient chaque étage ; ces bandes étaient écarlate et or au premier et au troisième, jaune et argent au second, de manière à présenter dans leur ordre les couleurs du drapeau national ; d'azur et d'argent à la balustrade supérieure, pour rappeler la maison d'Autriche.

Ces quatre lignes de teintes vives, où quelque jeu de lumière faisait étinceler subitement une fusée métallique jaune ou blanche, dessinaient nettement la configuration de l'architecture, et en relevaient ce que la simplicité un peu sobre aurait pu avoir de mesquin.

Un magnifique dais de velours cramoisi, brodé d'or, était préparé au principal balcon de la *Panaderia*, pour Leurs Majestés et Leurs Altesses; des étoffes de soie bleu et argent tendaient les autres fenêtres de ce joli édifice.

Maintenant, avant de descendre

dans la place proprement dite, garnissez tous ces balcons, toutes ces fenêtres de rangées de visages en espaliers ; soulevez les tuiles des toitures pour laisser passer les têtes des curieux agenouillés ou debout dans les greniers, tandis que d'autres, plus aventureux se hasardent sur le toit même ; détachez nettement de l'azur du ciel les groupes d'*aficionados* et même d'*aficionadas* à califourchon sur les crêtes des combles ; — tirez un grand angle d'ombre bleuâtre et transparente qui tombe d'un des coins de la place et coupe la moitié de l'arène, laissant tout l'autre côté nager dans une lumière vive et nette, et vous aurez une idée du tableau animé que présentait la plaza Mayor dans sa région supérieure.

A partir du premier étage jusqu'au sol fourmillait, sur les bancs d'un amphithéâtre de charpente, tout un monde de têtes, tout un océan de chapeaux ronds, de *sombreros*, de *calaña*, de mantilles de taffetas ou de dentelles : on arrivait à ces places par des escaliers donnant sur les galeries. Des Parisiens s'y seraient étouffés et mis en pièces, — mais comme en Espagne les sergents de ville et les gendarmes n'ont point l'habitude d'intervenir dans les réjouissances publiques, il n'y eut pas le plus petit accident. Un ouragan de bruit s'élevait de cette cascade humaine, que les quatre pans de la place semblaient épancher dans l'arène, défendue par le rebord de planches de la *barrera* contre une inondation de spectateurs.

Cette première enceinte était peinte en bleu avec des poteaux blancs régulièrement espacés.

La seconde, éloignée de la première de quelques pieds, de façon à former corridor, était peinte en rouge, avec des poteaux blancs. — Comme les *tablas* des places ordinaires, on l'avait garnie dans toute sa longueur d'un étrier destiné à faciliter la retraite des *toreros*, qui se dérobent, comme chacun le sait, aux poursuites du taureau en sautant par-dessus le rempart de bois.

Aux quatre angles de la place on avait en outre établi des mantelets coupés de portes étroites, qui laissent passer l'homme et arrêtent l'animal farouche.

Le *matadero* (tuerie, endroit où l'on traîne les bêtes mortes) était situé en face du balcon de la reine, le *toril* à gauche, et l'entrée des *toreros* en face.

L'orchestre qui règle par ses fanfares les divers actes de la course, annonce la sortie, sonne la mort, occupait, au-dessus du *toril*, une estrade enjolivée de guirlandes de fleurs en papier.

Une infirmerie et un *reposoir* pour les *toreros* avaient été disposés sous les galeries.

FIN DU TOME PREMIER.

SAINT-GERMAIN-EN-LAYE, IMPRIMERIE DE H. PICAULT,
Rue de Paris, 27.

NOUVEAUTÉS :

ALEXANDRE DUMAS.	— Le Dernier roi.	1 vol.
THÉOPHILE GAUTIER.	— Partie carrée.	3 vol.
ALEX. DUMAS fils.	— Le Régent Mustek.	2 vol.
LUCHET ET MASSON.	— Thadéus le Ressuscité.	2 vol.
F. MALLEFILLE.	— Mémoires de Don Juan.	2 vol.
AMÉDÉE DE BAST.	— Les Galeries du Palais de justice.	2 vol.
F. DE BAZANCOURT.	— Noblesse oblige.	2 vol.
FRÉDÉRIC SOULIÉ.	— Le Comte de Foix.	2 vol.
F. DE BAZANCOURT.	— Les Ailes d'un Ange.	2 vol.
JULES POULAIN.	— Le Dartmoor.	1 vol.
ALEXANDRE DUMAS.	— Le Drame de 93.	7 vol.
ALPHONSE BROT.	— Comédiens ambulants.	2 vol.
ÉLIE BERTHET.	— L'Ami du Château.	2 vol.
F. DE BAZANCOURT.	— Les Hommes noirs.	2 vol.
BERTIN.	— Léonie, histoire intime.	1 vol.
ROCKINGHAM.	— Le Dernier d'Egmont.	2 vol.
F. MALLEFILLE.	— Marcel.	2 vol.
GÉRARD DE NERVAL.	— Scènes de la vie orientale.	2 vol.
A. DE ROSTAN.	— Songes d'amour.	1 vol.
ALEXANDRE DUMAS.	— Mémoires de Talma.	4 vol.
FRÉDÉRIC SOULIÉ.	— Les quatre Napolitaines.	6 vol.
CLAIRE BRUNNE.	— Trois époques.	1 vol.
Id.	— Une Fausse position.	2 vol.
FÉLIX DERIÈGE.	— Les Mystères de Rome.	7 vol.
ALEX. DUMAS fils.	— Trois Hommes forts.	4 vol.
Id.	— Antonine.	2 vol.
ALEX. DUMAS.	— Montevideo.	1 vol.
FRÉDÉRIC SOULIÉ.	— Les Drames inconnus.	4 vol.
Id.	— Aventures d'un Cadet.	3 vol.
Id.	— Le Château de Walstein.	3 vol.
Id.	— Amours de V. Bonsenne.	3 vol.
Id.	— Olivier Duhamel.	5 vol.
Id.	— La Comtesse de Monrion.	4 vol.
Id.	— Julie.	7 vol.
Id.	— Confession générale.	7 vol.
JULES LECOMTE.	— Venise.	1 vol.
CLAIRE BRUNNE.	— Ange de Spola.	2 vol.
BALZAC, SOULIÉ, DUMAS,	Le Foyer de l'Opéra.	13 vol.
ALEX. DUMAS fils.	— La Vie à Vingt ans.	2 vol.
JULES LECOMTE.	— Marie-Louise à Parme.	2 vol.

Paris. — Imprimerie de H. V. de Surcy et Cie, rue de Sèvres, 57.

www.ingramcontent.com/pod-product-compliance
Lightning Source LLC
Chambersburg PA
CBHW071506160426
43196CB00010B/1442